外資系コンサルの 30分で 提案書を書く技術

スルーされない資料が
サクッとまとまる

森 秀明 =著
Shumei Mori

ダイヤモンド社

はじめに　スルーされない提案書を手早く書こう

「なかなかいい提案だ。よくわかっているね。さっそく実行してみよう」
　あなたは、上司やお客さまに提案書を説明し終えた後に、こんな言葉を投げ掛けられたことがありませんか。うれしいですよね。時間をかけて提案書を準備したかいがありました。次への自信にもつながります。**現代のビジネスは指示や命令ではなく、提案で動くのです。**

　最近は、会社でも学校でも、あるいは社会活動の場においても、提案書を作成する機会が増えているのではないでしょうか。スライド形式でプレゼンテーション資料を作ることが、世の中の標準となってきたようです。**本書では、提案書の類い、すなわち提案書や企画書、報告書、計画書などを総称して提案書と呼んでいます。そしてこの本は、提案書を書く技術について解説したものです。**

　筆者の専門分野は企業経営で、すでに20年以上、経営コンサルティング業務に携わっています。これまでに、少なくとも300件以上のコンサルティング案件を手がけてきましたので、提案書を作成し説明した経験は、優に1000回を超えているはずです。また、近年は特に、経営トップや経営幹部に対する支援活動が大きなウエイトを占めていますので、彼らのものの見方や考え方、伝え方に接する機会も多くなっています。

　ところが、どれだけ場数を踏んでも、提案書を書くことは容易ならざるタスクだと思っています。その理由は、提案は相手がいることだからです。あなたが書く提案書には必ず、それを受け止める相手がいるのです。

　きれいな提案書を作成してその出来栄えにうっとりしていても、相手が納得してくれるとは限りません。自分ではよくできた提案書だと思っても、相手を共感させられるかどうかはわかりません。**良い提案書かどうかは相手が決めることなのです。優れた提案書とは、そこに書かれたあなたの提案を相手が受け入れて、何らかの行動を起こしてくれるもののことです。**

本書の読み方

本書のメイン部分は9つのパートで構成されています。

PART1では、優れた提案書の構成要素を定義し、それを書くための基本的スキルを説明します。

提案書のベーシックな構成要素は、「テーマ」と「メッセージ」「基本の3章構成」です。 本書の主題は、「ビジネスのテーマに応じて、基本の3章構成（4枚）の枠組みを使い、あなたが伝えたい提案書のメッセージを、スルーされないように、手早く届けよう」というものです。

優れた提案書は、シンプルな枠組みに従って書かれています。相手の心に響く提案書を書けるプロは、その枠組みを熟知しています。PART1では、その枠組みのポイントを説明していきます（本書では、紙幅の関係から提案書を骨子と呼べる4枚の「基本の3章構成」として説明していますが、重厚な提案書を用意したい人のために、PART3〜PART9の章末で20枚程度の「万能の筋書き」を紹介しています）。

PART2では、提案書の7つのパターンのひな型を紹介しています。つまり、**提案書には、テーマによって7つの類型があるということです**（そしてそれぞれについて、PART3〜PART9までを割り振って解説していきます）。あなたの抱えている課題が7つの中のどのパターンに相当するのか、PART2を読めば当てはめられるようになっています。その7つのパターンは、以下のとおりです。

パターン①「数字で問題解決」（PART3：チュートリアル）

パターン②「他社マネの限界」（PART4）

パターン③「予期せぬ出来事」（PART5）

パターン④「上辺だけの合意」（PART6）

パターン⑤「新しい組み合わせ」（PART7）

パターン⑥「新時代の要請」（PART8）

パターン⑦「やっかいな問題」（PART9）

　まずは PART 1 と PART 2、そして具体的な書き方のチュートリアルとして PART 3 までを読んでみてください。その後は、PART 2 で選択したパターンのパートのどこから読み進めても大丈夫です。7 つのパターン 1 つ 1 つが独立して理解できるようになっています。

　PART 3 から PART 9 では、提案書の 7 つのパターンの 1 つずつについて、書き方を解説します。提案書を書くときに考えるべきこと、提案書を作成する順序、キーとなるポイントの押さえ方、課題解決のコツなどがわかるようになっています。また、それぞれのまとめと、パターンごとに「万能の筋書き」を付してあります。

　提案書を書くためには、課題の解決策を考察する必要があります。いくら経営理論のフレームワークを知っていても、現実のビジネスにおける解決策を作れるわけではありません。本書で紹介するそれぞれのパターンでは、できるだけ現実のビジネスに即した解決策を提示できるように工夫しました。

　要は、「優れた提案書を書くためには、ビジネスの課題に応じて 7 つのパターンの中から 1 つを選び、そのひな型にならって提案書の構成を組み立てればよい」ということです。

　本書のノウハウを使って、あなたの素晴らしいアイデアや問題意識をメッセージに乗せ、相手の心に響く提案書を合理的に素早く書いてください。

2020 年 6 月

森　秀明

CONTENTS

外資系コンサルの30分で提案書を書く技術

PART 1

気の利いた提案書が書けないのは、ひな型を知らないから

PART 2

7つの提案書パターンの中から1つを選ぶ

PART 3

パターン①
「数字で問題解決」提案書の書き方

PART 4

パターン②
「他社マネの限界」提案書の書き方

PART 5

パターン③
「予期せぬ出来事」提案書の書き方

PART 6

パターン④
「上辺だけの合意」提案書の書き方

PART 7

パターン⑤
「新しい組み合わせ」提案書の書き方

PART 8

パターン⑥
「新時代の要請」提案書の書き方

PART 9

パターン⑦
「やっかいな問題」提案書の書き方

PART 1

気の利いた提案書が書けないのは、
ひな型を知らないから

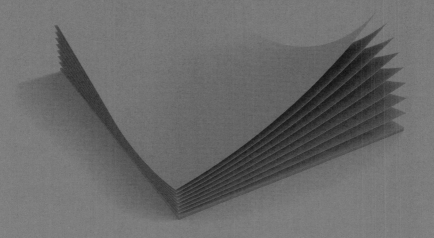

つまらない提案書しか作れない、 そして提案がスルーされる理由

　企画書、報告書、計画書、調査・分析資料……、ビジネスで使われる資料にはさまざまなものがあります。ここに挙げた資料に共通するポイントは、何だと思いますか？

　1つの答えは、「読んでもらうことで、人を動かそうとしている」ことです。**現代のビジネスは、「共感してもらい」「納得してもらい」「行動してもらう」ことで動くのです。つまり、指示や命令ではなく、提案がスムーズに受け入れられるかどうかが重要になっている、ということです。**

　本書では、あなたの主張を相手に伝え、相手から何らかの行動を引き出すための資料のことを提案書と総称しています。それには社内向けも、社外向けもあります。

　提案書は、スライド形式で作ることもあれば、テキスト形式で作ることもあります。平たく言えば、提案書をPowerPointで作成するか、Wordで作成するかということです。近頃のビジネスの現場では、プレゼンテーション資料の作成に、PowerPointやKeynote、Googleスライドを利用することが多くなりました。そこで本書では、提案書の事例としてスライド形式の資料を掲載しています。

　ビジネスで活用する提案書はすべて、その書き手に対して、読み手になる相手がいます。あなたが提案書のプレゼンターであるとして、あなたの提案を受け止め、評価する相手がいます。そして提案が受け入れられるかどうかは、相手の評価にすべてかかっています。だから提案書を作ることは難しいのです。

　あなたがいくら良い提案だと思っても、相手がどう受け止めるかはわかりません。客観的に見てよくできた提案書であっても、それが承認されたり、契約や資金調達につながったりするとは限りません。それだけ提案書を作る

ことは奥が深く、難しいのです。

「これはゴミです」と言われてしまう残念な提案書

「全体の印象がいいね。心を動かされたよ。さっそく、君の提案を進めてみようと思う」。提案書を見せた相手からこんな評価を受けたら、申し分ありません。こういう提案書を書ける人はプロです。

「言いたいことはわかるけど……。あと少しかな。まだ届いていないなあ」。こう言われたら、提案書としては一応まとまっていても、何かが足りないのです。相手の心に響いていません。あと1歩、2歩でプロになれそうです。

「そこまではわかりました。それでは本題に入ってください。えーと、私の課題に対する解決策は何ですか」。こんなコメントを受けたときは、あなたが伝えたことと、相手が聞きたいことが合っていないのです。あなたの提案書には、相手が困っている問題の解決策がなかったのです。

　多くの企業では、汎用的な提案書が準備されています。大企業ほどそうです。例えば、会社紹介や事業紹介、基本的な進め方、成功した事例紹介などをまとめた資料がそうです。これらは、提案活動を効率化するには有効なツールになるでしょうが、相手のことを考えた提案書とは言えません。誰かに何かを提案するときは、出来合いの資料をそのまま使うのではなく、相手に固有の課題を深く理解し、その解決策を提案する内容にしなくてはなりません。

「これはゴミです（This is garbage）」。あるコンサルティング会社のパートナーからこのように言われたコンサルタントを知っています。また、徹夜して準備した提案書をパートナーのところへ持っていったら、一読するや机の脇のゴミ箱に捨てられたという逸話もあります。

　パートナーの対応の是非はともかく、提案書の課題設定そのものが間違っている、ということを彼は指摘したかったのでしょう。そのコンサルタントは、解決すべき課題を間違って理解していたのです。

すごいパートナーと可哀想なマネジャー

　外資系のコンサルティング会社は、プロジェクト案件ごとにチームを組みます。顧客責任者であるパートナーがマネジャーを指名し、マネジャーはそのプロジェクト案件のリーダーになります。そしてマネジャーは、チームメンバーになるコンサルタントを選びます。こうしてその案件のチームが編成されるのです。

　あるコンサルティング会社のパートナー（A氏とします）は、特定のマネジャーを指名することが多い人でした。A氏は独特なスタイルで仕事をする人で、そのスタイルに合わせられるマネジャーが限られていたからです。

　指名されたマネジャーは、前日に顧客に説明する提案書を、A氏に説明します。A氏はすかさず白い紙を取り出し、提案書のストーリーを作り直します。マネジャーが持ってきた提案書の全体を組み立て直すのです。

　A氏は横長の長方形をいくつも書いていきます。長方形1つは1枚のスライドに相当します。そして熟考しながら手を動かして、それぞれの長方形の中に、チャートやグラフのイメージとメッセージを書き込んでいくのです。すごい技です。

　A氏との打ち合わせが終わると、マネジャーは説明資料を作り直します。A氏の手書き資料を見ながら、そのとおりの順番で資料を組み立てていきます。スライドを新規に作る必要もあり、徹夜作業になることもしばしばです。そして翌日、そのマネジャーが顧客に提案書の説明を行うのです。

　このパートナーは頭の中で提案書のストーリーができるのです。いくつものストーリーのパターンを持っていて、顧客の課題や状況に応じて、適切なパターンを引き出しているのです。すごい能力だとは思いますが、マネジャーにとっては一緒に仕事をするのが難しい相手かもしれません。

どうして相手に響く提案書を作れないのだろうか

　相手の心に響く提案書を作れないのには、いくつかの理由があります。

　最も症状が重いのは、相手が抱えている課題を理解していないことです。相手の悩み事や困り事を把握していなければ、その解決策に結び付かない的外れの提案書になってしまいます。やっかいなのは、相手が課題をあいまいにしか認識していないときです。この場合には、相手が納得する形で課題を定義する必要性が出てきます。いずれにせよ、課題を正しく定義できていることが、優れた提案書を作る大前提になります。

　２つめの理由は、提案書全体で何を伝えようとしているのか、メッセージがはっきりしていないことです。この症状は意外に多く見られます。言いたいことが盛り沢山だったり、矛盾することを言ったりしていると、相手に伝わりにくくなります。それでは相手の行動を引き出すことはできません。

　３つめの理由は、提案書の構成や組み立てがよくないことです。提案書がいくつかのセクションに別れているとき、それぞれのセクションの必要性や関連性がわかりにくいと、相手を説得する力が落ちてしまいます。

　４つめの理由は、提案書のストーリーの組み立てが整っておらず、話の流れが混乱していることです。これでは話の筋がつながらず、読みづらくて理解しにくい提案書になってしまいます。例えば、スライド形式の提案書で各スライドの上部に書かれているメッセージだけを読み進めても、話の筋が何もわからないような場合です。スライドのメッセージは、提案書の筋書きに沿って書かれていることが鉄則です。

　しかし、これら４つの問題は解決できます。なぜなら、**相手の心に響く提案書には、書き方のひな型がある**からです。それを習得すれば、優れた提案書を作れるようになるのです。

図1-1　優れた提案書を作れない4つの理由

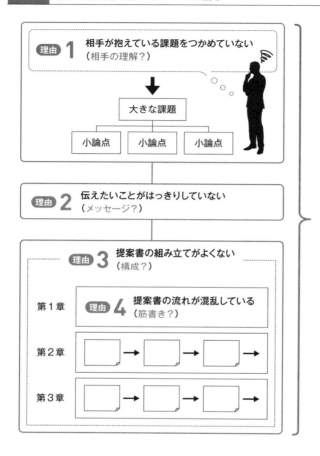

理由 **1** 相手が抱えている課題をつかめていない
（相手の理解？）

大きな課題

小論点　小論点　小論点

理由 **2** 伝えたいことがはっきりしていない
（メッセージ？）

理由 **3** 提案書の組み立てがよくない
（構成？）

第1章　理由 **4** 提案書の流れが混乱している
（筋書き？）

第2章

第3章

1〜4のすべてが
できていないと、
優れた提案書を
作れない！

行き先がわからなければ、誰でも不安になる

あなたはいま、ある広い空間の中にたたずんでいます。そこがどこであるかはわかりません。さて、あなたはどうしますか？

どうしますか？　と聞かれても困りますよね。どうしたらよいのか、どう答えればよいのか、途方に暮れてしまいます。白紙の状態から提案書を書き始めるのは、まさにこんな状況です。何から考えたらよいのか、どこから手をつければよいのか、まったく見当がつかないのです。

そこで目を大きく見開き、身体中の感覚を研ぎ澄ませて、周囲の状況を確認しようとします。自分がどんな空間の中にいるのかを知ろうとするのです。

そこは、かつて来たことがある近くの街かもしれません。それとも、前から行きたかった景勝地に来ている？　もしかしたら、荒野に独り取り残されているか、砂漠の真ん中で呆然と立っているのかもしれません。

そうこうするうちに、あなたはいまいる空間を認識できました。よかった、よかった。

それでは、次にどうしますか。右に進みますか、左に行きますか。それともその場にとどまりますか。東西南北のどちらに進路をとりますか。ここでも、どちらに進めばよいのか迷いますよね。

ここで、あなたが行くべき目的地が教えられました。進むべき方向がわかったのです。

次は、どうやってその目的地までたどり着くかです。どのような経路で目的地に向かいましょうか。あなたは広い空間にいますから、とりうる経路は無数にありそうです。選択肢が多いと、どの経路をとったらよいのか判断に迷いますよね。

すると、目的地に至るまでの経由地が決まっていることがわかりました。チェックポイントが決められていたのです。これは大変ありがたいことです。はるか遠い目的地ではなく、まずは近くの経由地を目指せばよいのですから。

さて、それぞれの経由地まで、どのようにして向かいましょうか。どんな方法や手段を用いてチェックポイントを目指しますか。

もしここで、それぞれの経由地を巡るときの手段や方法がわかっていたら、とても効率的に動けますよね。目的地にたどり着くまでの最善の方法を知っていれば、とても有効なのです。

この例のように、目的地がわかれば行動する意欲が湧いてきます。さらに、通過すべき経由地がわかればより効率的に移動でき、その間にとるべき行動や方法、手段がわかっていたら、とても効果的に活動できます。

　提案書を書くこともこれと同じです。ただし、白紙の状態から始める必要はありません。あなたが置かれている状況に応じて、提案書には到達点やチェックポイント、そのつながりや流れについてのひな型があるからです。

図1-2　広い空間の中でどうすればうまく動けますか？

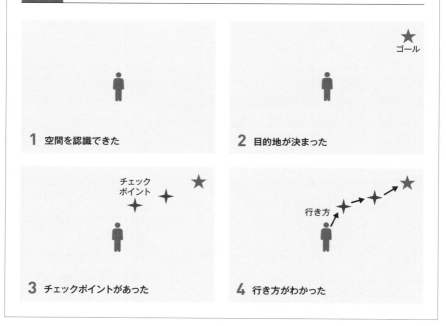

優れた提案書は
ひな型に従って書かれている

広い空間の中に放り出されたとしても、そこがどんな所かが認識でき、向かうべき目的地が定められ、そこにたどり着くために経由すべき所がわかり、移動の方法や手段が示されていれば、落ち着いて行動することができます。

提案書を書くこともこれとまったく同じで、優れた提案書のひな型があれば、少しは書きやすくなります。提案書作成のプロは、多くの経験を積んでそのようなひな型を熟知しているのです。

提案書作りのプロは、最初に、相手がどんな分野の問題に直面しているのかを理解します。ビジネス上の課題を大枠で把握し、どのような課題を解決するための提案書が必要であるかを判断します。提案書の主題に相当するビジネス課題のテーマを決めるのです。

次に、**提案書全体のメッセージを考えます。**明瞭かつ簡潔に、伝えたいことを1～2行で書き出します。

それから、**決まった章立てに従って、大切なポイントで伝えたいことを練り上げます。**提案書をいくつかのポイントに分けて書くのです。

そして**最後に、ひな型である程度決まっている話の流れに沿って、提案書を作り上げていきます。**

テーマ＋メッセージ＋基本の3章構成＋万能の筋書き

優れた提案書は4つの要素から成り立っています（図1-3を参照）。**テーマとメッセージ、基本の3章構成、さらに充実した提案書を書く際の万能の筋書きの4つです。**

テーマは、提案書が扱うビジネス上の課題です。その課題の種類、領域、分野、ジャンルなどのことです。これが提案書の主題になります。

メッセージは提案書の要点であり、1～2行でシンプルに述べます。あな

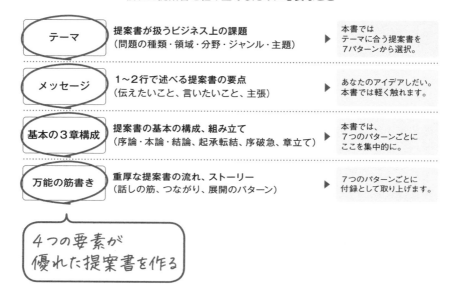

図1-3　提案書を構成する要素

優れた提案書を組み立てるために必要なこと

テーマ	提案書が扱うビジネス上の課題 （問題の種類・領域・分野・ジャンル・主題）	▶	本書では テーマに合う提案書を 7パターンから選択。
メッセージ	1～2行で述べる提案書の要点 （伝えたいこと、言いたいこと、主張）	▶	あなたのアイデアしだい。 本書では軽く触れます。
基本の3章構成	提案書の基本の構成、組み立て （序論・本論・結論、起承転結、序破急、章立て）	▶	本書では、 7つのパターンごとに ここを集中的に。
万能の筋書き	重厚な提案書の流れ、ストーリー （話しの筋、つながり、展開のパターン）	▶	7つのパターンごとに 付録として取り上げます。

4つの要素が
優れた提案書を作る

たがその提案書で相手に伝えたいこと、言いたいことで、提案書全体を貫く主張になります。

　基本の3章構成とは、提案書の基本的枠組みのことです。**本書では、提案書の骨子である基本の3章構成を、4枚でスムーズに作り上げられるようになることを狙っています。**

　万能の筋書きは、基本の3章構成に沿って、さらに読み応えのある充実した内容の提案書を作る際の話の流れ、ストーリーのことです。話の筋立て、前後のつながり、展開の詳細なパターンとも言えます。

ビジネスのすべての課題は
7パターンの提案書で解決できる！

　ビジネスに携わっていると、さまざまな問題に出くわします。時代も国も、制度や経営環境も異なる中で、それぞれに異なる歴史を持つ企業が似て非なる事業を行い、個性的な経営者の下で運営されているのですから当然です。それぞれの問題には個別の解決策が必要で、そのための提案内容も違ったものになります。

　しかし、経営学が教える一般的な理論、先行事例から、ある程度の解決方法は見つけられるものです。ベンチマークという言葉があるように、同じ業界の同業他社がしていることは参考になるでしょうし、異業界でも学ぶべきことはあります。

　ですから、**ビジネス上の問題は、いくつかのタイプに分類できると考えられます。そして、問題が分類できればその解決策も分類でき、解決方法を提示する提案書も分類できる、ということになります。**

　本書では、ビジネス上の課題を7つのパターンに分類しました（図1-4参照）。それは、企業が永続していく過程で直面するであろう問題に相当しています。

　このように分類してみると、個別の問題だと思っていたことが、実は多くの企業が取り組んでいる共通課題なのだとわかります。筆者のコンサルティング活動でも、これら7つの課題に取り組むことが実に多かったと感じています。

　7つのパターンについてはPART2でそれぞれの課題の傾向を説明するので、あなたが書きたい提案書がどのパターンに当たるかを考えてください。そして、それぞれのパターンの提案書の書き方については、PART3〜PART9で解説していきます。

図1-4 （ビジネスの課題をほぼカバーできる）7つのテーマと提案書のパターン

戦略を策定して事業を前へ進めること	▶	パターン①「数字で問題解決」
業務を改善して組織力を高めること	▶	パターン②「他社マネの限界」
何かしらの新しい事業を生み出すこと	▶	パターン③「予期せぬ出来事」
組織の中や組織の内外で起こった対立を乗り越えること	▶	パターン④「上辺だけの合意」
イノベーションを起こして社会を大きく変えること	▶	パターン⑤「新しい組み合わせ」
新しい時代がやってきて事業や組織を見直すこと	▶	パターン⑥「新時代の要請」
容易に解決できない新種の問題に取り組むこと	▶	パターン⑦「やっかいな問題」

提案書には
7つのひな型
がある

メッセージを書くには
素直な勇気がいる

　メッセージはスルーされない提案書の重要な要素ですから、ここで簡潔に、過不足なく記載するためのヒントをお伝えします。

「人食い巨人の出現によって、絶滅の危機に瀕した人類の話」
　この文章を読むと、何かしらのイメージが浮かんできますよね。これは人気漫画『進撃の巨人』（講談社）の要約文です。作者の諫山創は、「ヒットするエンターテイメントは2行で語れる」と言っています。
　提案書のメッセージも、1〜2行で語る要約文です。もちろんビジネスとエンターテイメントとは異なり、ビジネスの世界ではそこまで洗練されたメッセージは必要ない、という意見もあるでしょう。しかし、漫画を描くことも、提案書を作ることもプロの仕事です。目指すところや心意気は、同じであってもよいはずです。
　米ハリウッドの脚本家であるブレイク・スナイダーは、彼の著書『SAVE THE CAT の法則』（フィルムアート社）の中で、「脚本の内容を1行で簡潔に説明することは、脚本家の最初の仕事である」とその重要性を語っています。
　試しに、ある映画作品を1行で語ってみました。何の映画のことかわかりますか？　「ローマで成功した映画監督が、故郷シチリアでの映画技師との絆や苦い恋愛体験を回想する物語」。これは1988年に公開されたイタリア映画の要約文です。そのタイトルは『ニュー・シネマ・パラダイス』。
　ビジネスの世界で使う提案書でも、メッセージはとても重要です。**漫画や映画の脚本と同様に、提案書の内容も1〜2行でシンプルに語れるはずです。「言いたいことは何ですか？」と聞かれたら、1〜2行の要約文で答えたいものです。**

提案書のメッセージを進化させよう

　提案書のメッセージについて、重要なことがもうひとつあります。それは、提案書のメッセージは進化するということです。**提案書を書き始めるときはまだ、メッセージが固まっていないことがほとんどでしょうが、何かしらのメッセージを書き留めます。これは初期の仮説的なメッセージです。そして提案書を書き進めながら、メッセージを進化させます。大胆にメッセージを書き換えるのです。**

　さらに、提案書を相手に説明した後、相手の反応を見て、意見をよく聞いて、メッセージを書き直します。多くの場合、メッセージはここで大きく進化します。このように、提案書のメッセージは書き換えられることで少しずつ良くなっていきます。これを「メッセージ仮説が進化する」と言います。

　ですから、「優れた提案書の内容は1～2行で簡潔に説明できるが、それは常に進化する」ということなのです。

「いったい全体、この提案書で何を言いたいの？」と問い詰められたとき、長々と説明をするようでは、はっきり言ってアウトです。そういう人がけっこう多いです。提案書のメッセージをシンプルに、1～2行で要約できないのです。なぜでしょうか。

　ひとつには、提案書で言いたいことを、自分の中で整理して理解できていないからです。何を提案したいのかがあいまいな状態で提案書を作ると、そういう結果になってしまいます。

　また、自分のミスや間違いを素直に認められないという、会社人間にありがちな自己防衛本能が働いていることも考えられます。会社という組織の中で働いている人はたいてい、ミスや失敗を恐れます。そして他人からミスや失敗を指摘され、自分が傷つくことは、どうしても避けたいと考えます。

　自分が書いた提案書に対し、相手から「言いたいことがわからない」と指摘されると、間違いをとがめられているような気になり、何だかんだと言い訳をして、無駄な主張を続けてしまいます。

　さらに悪いことには、一度書いたメッセージを書き換えるのは、自分の間違い認めるのに等しい行為だと勘違いして、初期の仮説的なメッセージを書かなくなってしまいます。書いたとしても、どうとでも解釈できるような玉

図1-5　優れたメッセージの要件

虫色の内容になってしまうのです。それゆえ、提案書のメッセージを簡潔に語れなくなるのです。

　提案書におけるメッセージは仮説にすぎません。それは時間が経つと、必然的に変わってしまうものです。組織で働く多くの人は、このことを心底から理解していません。

　一方で、優れた経営トップは朝令暮改を厭いません。めったに間違えませんが、間違いに気づいたらすぐに修正します。素直な心で修正できるのです。これは才能のひとつですが、とても勇気がいる行為です。

　提案書のメッセージを簡潔に語るためには、素直な勇気が必要なのです。間違っていたら書き直すという覚悟がいります。そうしてはじめて、提案書のメッセージをシンプルに語れるのです。

　ですから、このセクションのメッセージはこう書き直せます。
「優れた提案書のメッセージは１～２行で簡潔に書けるが、それは素直な勇気を持って書き換えるものである」

提案書は基本の3章構成に従う

　私たちは小さい頃から何かしら文章を書く機会が多く、読書感想文や見学レポート、研究発表の資料、小論文や卒業論文などを書いた覚えは誰にもあるでしょう。入学試験や入社試験で論文を書かされたかもしれません。

　その過程で、文章の書き方にはいくつかのスタイルがあることを教えられました。例えば小論文であれば、序論・本論・結論の3段構成で書くことが標準的であると教わります。序論は導入部で問題提起を行い、本論は展開部で論証を示し、結論は結末としてまとめを書く、と教わりました。試験の小論文もこのスタイルで書くことが多いでしょう。

　よく知られているのが起承転結の構成です。中国の漢詩である絶句の構成方法が起源です。起は導入部分で、物語が起こるところから始まります。承は物語を発展させる部分で、物語の魅力を膨らませます。転は物語に変化が訪れる部分であり、物語の最大の山場になります。結は物語を締めくくる部分であり、起こった問題を決着させる役割があります。

　序破急というスタイルもあります。これは日本の古典音楽のひとつである雅楽から出てきた概念です。序は導入部分で、物語のつかみに当たる重要なところです。破は変化が訪れる部分で、物語を広げ、盛り上げていくところです。急は物語を締めくくる部分であり、物語で起こった事件を収束させ、終わらせるところです。

　パラグラフ・ライティングを習った方もいるかもしれません。英語圏では一般的なスタイルで、論理的に物事を伝えるための文章術です。まず、主題や主張を述べます。次に、主題や主張を強化する例を挙げて示したり、補足情報を加えたり、根拠を述べたりします。最後にまとめ文を書いて締めくくりとします。これも3つのパートで構成されています。私も英語で論文を書くときには、このスタイルに従うよう教えられました。

　映画の脚本では3幕構成が用いられます。これは米国の脚本家であるシ

ド・フィールド氏によって理論化されたものです。ストーリーは３つの幕に分かれ、それぞれ設定（Set-up）、対立・衝突（Confrontation）、解決（Resolution）の役割を担っているとする枠組みです。状況説明（Situation）、冒険・葛藤（Quest）、解決（Resolution）と言われることもあります。

提案書は基本の３章構成で書く

同じように提案書にも基本的な構成があります。**図1-6**を見てください。第１章（課題）、第２章（考察）、第３章（解決）の３章で構成されていて、第２章は１（理想）と２（学び）に分かれています。これが本書で使う、提案書の基本の３章構成です。

ビジネスにおける提案書の目的は、何らかの課題があって、それに対してこのような施策を講じ、このように解決すれば、こんなことが達成できる、という内容を伝えることです。この内容を基本の３章構成に従って語っていくことになります。

第１章では、会社や組織、経営者が直面している経営上の課題を定義します。経営課題を体系的に整理して定義することがキーポイントです。

第２章の１のキーポイントは、理想的な解決策を示すことです。必要な調

図1-6　基本の３章構成（4枚）

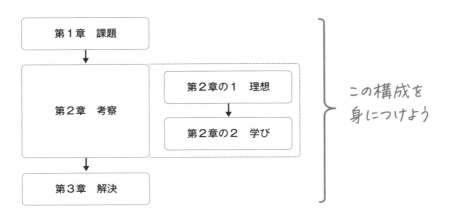

査や分析を行って、いくつもの解決策を比較検討して、最も望ましい解決策が選ばれます。

しかし、この理想的な解決策は本当に実現可能でしょうか？　期待する成果を得られるでしょうか？

それを確認する意味で、第２章の２では、その実現可能性を現実に即して学び直し、理想的な解決策では必ずしも目的が達成できそうにないことを示します。第２章の２は悟り、教訓を語るところです。

理想的な施策があって、学びも得られたので、次には真の解決に向かうことができます。これが第３章のポイントです。ここで真の課題解決に向けた道筋が示されるのです。

これが基本の３章構成の概要です。この内容を平易に言うと、こんな感じになります。

こういう経営課題が定義された。（第１のポイント）

理想的にはこんな施策によって解決されそうだ。（第２のポイント）

しかし現実にはこんな障害があることを学んだ。（第３のポイント）

だからこういうやり方で解決していこう。（第４のポイント）

COLUMN

キーとなるスライドを軸に組み立てる

　図1-9は拙著『IT不良資産』（ダイヤモンド社、2003年）から引用した1枚のスライドです。

　当時、日本全体のIT資産は16兆円あり、IT費用が毎年5兆円支出されていたことがわかります。しかもそのうち、IT資産の3割は不良化し、費用の5割は無駄になっていることも示されています。

　この資料は、市場データの分析、社会調査の結果の解析、企業のトップやIT責任者へのヒアリングなどを重ねることによって導き出した成果です。言うなれば、そのプロジェクトでの中心となる発見であり、このスライドはそのプロジェクトでのキーとなるスライドです。

　このようなスライドが作れたなら、資料の組み立ては自由自在に行えます。このスライドがあらゆる場面でキーとなって、提案書の筋書きを立てやすくしてくれるのです。キーとなるスライドがあればストーリーの組み立ても楽になります。

図1-9　キーとなるスライドを軸にして提案書を組み立てる

（例）日本企業におけるIT資産とIT費用の現状

（単位：億円）

IT資産ストック 16兆円

業種	IT資産	割合
その他	14,800	(9%)
ITサービス	1,300	(1%)
一般サービス	6,200	(4%)
運輸・運送サービス	7,500	(5%)
通信・メディア	6,000	(4%)
卸	10,000	(6%)
土木建設	11,200	(7%)
電気・ガス	12,600	(8%)
小売	15,200	(10%)
金融	19,400	(12%)
プロセス型製造業	23,300	(15%)
組立型製造業	32,000	(20%)
全企業平均	160,000	(100%)

内訳：良資産 115,500／不利用資産 21,000／無価値資産 23,100

IT費用 5兆円

IT費用	割合	業種
4,400	(9%)	その他
1,000	(2%)	ITサービス
1,900	(4%)	一般サービス
2,500	(5%)	運輸・運送サービス
5,600	(11%)	通信・メディア
3,400	(7%)	卸
2,900	(6%)	土木建設
2,500	(5%)	電気・ガス
1,000	(2%)	小売
5,900	(12%)	金融
7,300	(14%)	プロセス型製造業
12,500	(25%)	組立型製造業
50,000	(100%)	全企業平均

内訳：有効な費用 25,000／不必要な費用 3,600／削減可能費用 2,200

注：出所を元に修正を加えた
出所：森秀明、『IT不良資産』、ダイヤモンド社、2003

提案書の流れは振り子のように

　相手の心に響く提案書を書きたければ、話の流れをあたかも振り子のように組み立てるとよいです。そうすると、提案書に立体感と現実感が備わってきます。

　提案書で扱うテーマを決めて、その提案書の大きなメッセージを書き留めました。すなわち、7つのパターンの中から1つを選び、素直な勇気を発揮して1〜2行でメッセージを書いたわけです。次は、基本の3章構成に従って提案書の骨格を作っていくところです。

　そこで、図1-7を見てください。

　第1章の課題のセクションでは、現在の世界が描かれています。いま組織が抱えている課題が定義されたのです。このとき、振り子は左側に振れてい

図1-7　スルーされない提案書の流れは振り子のように組み立てる

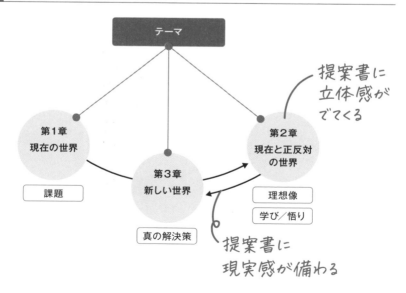

るとしましょう。

　次の第2章の1では、理想的な解決策が示されます。理想像ですから、現実からは距離があるはずです。現実に似通っていて現在の世界に近ければ、問題の解決策になるとは思えません。ですから、第2章の1ではある意味、現在の状況とは正反対の世界が描かれることになります。このとき、振り子は右側に振れています。

　ところが、理想的な世界は必ずしも実現できるとは限りませんし、適切な解決策ではないかもしれません。現実にはいくつもの障害があり、それを乗り越えていかなければ課題の解決には結び付かないからです。ここでわかることが、第2章の2の学びや悟りになります。

　ですから真の解決策は、振り子が右端から少し左側へ戻り、中央あたりで落ち着く所にあります。ここが第3章で描くことになる新しい世界です。

　このように、第1章で見せる現実の世界は左端にあり、その対極の右端には第2章の1の理想的な世界、つまり現実とは正反対の世界があります。そこで学びや悟りを得た結果、新しい世界が中央あたりに築かれるのです。

　現実を見せた後に正反対の世界を見せることで、提案書に立体感が生まれてきます。さらに学びや悟りが語られることで、現実感と納得感が出てきます。このように提案書の流れをあたかも振り子のように組み立てることで、その提案内容に重みが加わるのです。立体感と現実感を備えた提案書は、相手の心を揺さぶる可能性が高くなります。

重厚な提案書を目指すなら万能の筋書きに従おう

　万能の筋書きは、基本の３章構成に従いつつ、より充実した提案書にするための流れやストーリーのひな型を示すものです。提案書の枚数が多くなると、受け手にとって読むことが負担になり、わかりにくくなる面も出てきます。枚数が増えても読みやすく、わかりやすい提案書にするために、筋書きはこうしましょう、話しはこうつなげましょう、ということです。

　外資系コンサルタントがビジネスで役立つ提案書をスライド形式で作る場合は、提案書の本文はおおよそ20ページに収めるようにします。

　それを踏まえて、筆者は提案書の第１章を５ページに、第２章の１と２は各５ページ、そして最後の第３章も５ページにすることを提唱しています。実際には、数ページの提案書もあるでしょうし、100ページを超えるような提案書を作ったこともあります。しかし、提案書の説明のために取れる時間は、質疑応答を含めて１〜２時間というのが一般的です。それを考えると、20ページが妥当なページ数なのです。

　仮に、１ページの説明時間が３分だとすると、20ページで60分になります。１ページの説明に５分かかるなら、全体の所要時間は１時間40分です。これに質疑応答の時間を加えると、１時間半から２時間の打ち合わせが必要になります。ですから、20ページが適切な分量なのです。たくさんのスライドを作っても、説明で使う大事な部分は20ページにすぎません。それ以上のスライドは補足資料になってしまいます。

　また、基本の３章構成には４つのポイントがあります。これは、４枚の重要なスライドがあるということです。提案書のキー（核）になる４枚のスライドは、提案書全体の流れを説明し、大きなメッセージを伝えることができるものですから、時間が限られている場合には、これだけを説明するようにします。

　ここで提案書の筋書きを説明しましょう。**図1-8**に示したように、第１章から第３章までの４つのポイントそれぞれに３つ、合計12の筋書きがあり

図1-8 （重厚な提案書を書く場合の）万能の筋書き（20枚程度）

基本の3章構成	万能の筋書き	おおよそのページ数
第1章 課題 に相当	① テーマの提示 ② 解決すべきこと ③ 課題の定義、体系化	（1） （2〜5） （5）
第2章の1 理想 に相当	④ 解決策の探索 ⑤ 調査や分析から得られたこと ⑥ 理想的な世界のイメージ	（6〜10） （6〜9） （10）
第2章の2 学び に相当	⑦ 残念な現実の状況 ⑧ 当初の解決策の限界 ⑨ 葛藤からの学び、悟り	（11〜14） （14） （15）
第3章 解決 に相当	⑩ アプローチ、態勢の立て直し ⑪ 解決への取り組み、道のり ⑫ 新しい世界のイメージ	（16） （16〜19） （20）

構成は
できているか？

話の筋は
通っているか？

ページ数は
合っているか？

ます。カッコ内の数字はおおよそのページ番号に相当します。例えば、筋書き①「テーマの提示」は1ページ目に、②の「解決すべきこと」は2〜5ページ目に入る、といった具合です。

　したがって、**提案書のP.1では、**この提案書でどのような課題を解決しようとしているのか、を提示します。この提案書が扱う経営課題のことです。**経営課題を提示したら、その課題を3〜5つ程度に分解して、それを解決するためにこれから取り組む事柄を提示します（P.2〜P.5）。**取り組むことが少なすぎると、十分に考え尽くされていないように見えますし、逆に多すぎると整理できていないように受け取られてしまいます。経験的に言って、取り組むべき事柄は3〜5つが適切です。せいぜい7つで、それ以上は明らか

に多すぎます。

　取り組むべき事柄を説明し終えたら、第1章の最後でこれらの課題を定義
します（P.5）。経営上の課題を体系化して示すと言い換えてもよいでしょう。
ここは大事なポイントで、第1章のキーとなるスライドはこの「課題の定
義」です。説明する時間が少ないときには、この1枚で第1章を語れるよう
な内容にします。

　提案書の第2章の1では、理想的な解決策を考察して提示します。このセク
ションは、提案書の中で最も労力を要する所です。**ヒアリングや社会調査、
データ分析などを行って、その分析と考察から得られたことを語るのです**
（P.6〜P.9）。通常、提案書のハイライトになるセクションであり、多くの
資料が作成され、その多くは補足資料としてまとめられます。
　**ここの最後のページでは、第1章で提示した課題が解決されたときの理想
的な状況を見せます**（P.10）。これだけ事業が成長するとか、組織の能力が
ここまで高まるとか、理想的な形での到達点を見せるようにします。この
ページは第2章の1の大事なポイントで、理想的な解決策を示すキーのスラ
イドになります。

　続く第2章の2では、前段で考察した理想的な解決策の実現可能性を検証
していきます。その過程で、この解決策はそのままでは実現できそうにない
とか、そこまでの成果は得られそうにないといったことがわかってきます。
したがってここでは、**残念な現実の状況を述べることになります**（P.11〜
P.14）。

　このセクションで求められるのは洞察力です。理想的な解決策を実際に適
用してみたらどのようなことが起こるのだろうか、と想像しなくてはならな
いからです。そのときに推論力、シミュレーション力が必要になるわけです。
肝心なのは、理想的な解決策をきれいごとだけでは通らない現実の世界にさ
らすことです。

　洞察を生み出す方法はいくつかあります。時間が許すならば、実際にパイ
ロットを行います。テスト・マーケティングのようなことを実施できれば申

し分ないでしょう。簡易な方法としては、理想的な解決策を周囲の人に説明し、それへの反応を見たり、意見を聞いたりすることもできます。これらの方法をとれば、洞察や推論の助けになるはずです。

　そうやって理想的な解決策の限界がわかったら、その要点をまとめます（P.14）。

　第2章の2の最後には、学びや悟りを述べます（P.15）。これは理想的な解決策の修正案であったり、理想的な解決策の実行を妨げる障害を取り除く方法であったりします。こうして解決策をブラッシュアップすれば、より現実的な課題解決に立ち向かうことができるようになります。このページが第2章の2のキーになります。

　最後の第3章は真の解決策を示すセクションで、**最初のページでは、真の解決に向けたアプローチや態勢を示します（P.16）。**それに続けて、**解決に至るまでのロードマップや具体的な取り組み、アクションなどを示していきます（P.16〜P.19）。**経営上の課題を解決するためには、経営トップや社外の利害関係者、上司や同僚、部下などを動かす必要があります。そうした関係者一人ひとりの顔を思い浮かべながら、具体的な取り組みステップを1つずつ作っていくことになります。

　そして**第3章の最後のページで、解決された世界の様子を示すのです（P.20）。**解決すべき課題が変わっていなければ、このページは第2章の1の最後のページ（P.10）と対比できます。真の解決策が変わったのであれば、新たな解決策が実現された世界を描くことになります。いずれにせよ、この最後のページが第3章のキーになります。

　いかがでしょうか。万能の筋書きに従えば、概ねこのようなストーリーで提案書を作ることができます。そして、提案書の20ページすべてを使ってプレゼンすることもできれば、基本の3章構成のキーとなるポイント4枚のスライドだけを使って、簡潔に説明することも可能になります。

外資系コンサルタントの提案書の書き方

　さて、プレゼンの機会が多いコンサルタントは、どのようにして提案書を作っているのでしょうか。外資系コンサルティング会社のコンサルタントを想定して、その様子を見てみましょう。

　提案書作りに慣れた外資系のコンサルタントであっても、パソコンの前に座っていきなり資料を作り始めるわけではありません。その前に頭の中で考えたり、雑多な紙にメモ書きをしたりするのが普通です。A4サイズの方眼紙にグラフやチャートを書くこともあります。

　資料の筋書きを考えるとき、多くのコンサルタントは文書作成ソフトを使っています。それを使うように、会社から勧められることもあります。どうするかというと、頭に浮かんだことを文章にして、箇条書きで打ち込んでいくのです。熟考しながら書き入れるのではなく、思いついたことをバンバンと叩き込むのです。

　提案書には「ワン・スライド、ワン・メッセージ」(One slide, One message)と言われ、1枚のスライドに1つの主張があることが望ましいとされています。その1つのメッセージを打ち込んでいくのです。もちろん最初は雑駁な文章ですが、それを何度も見直し簡潔なものに修正していきます。

　そして資料を説明する順番で、少しずつメッセージを組み立てていきます。20ページの資料を作るのであれば、20行のメッセージが書かれることになります。それから、このメッセージ群を眺めながら、スライドを1枚1枚作っていきます。同時に、スライドを作りながらメッセージを見直していきます。

　多くの外資系のコンサルタントは、このように文書作成ソフトを活用して資料の筋書きを組み立てています。少しは慣れが必要ですが、お勧めできるストーリーの組み立て方です。

PART 2

７つの提案書パターンの中から１つを選ぶ

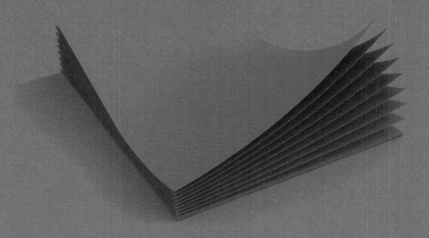

提案書には7パターンがある

　あなたがいま書こうとしている提案書のテーマは決まっていますか。提案書の主題は何ですか。いま抱えているビジネス上の課題は何でしょうか。直面している経営課題の領域や分野、ジャンルははっきりしていますか。抱えている問題の種類は何ですか。まずは提案書のテーマを決めましょう。

　組織が直面する課題は多種多様です。時代によって、国によって、業界によって、組織や企業によって、経営課題は変わってきます。また、経営者によって課題の捉え方も異なります。

　しかし、組織や経営トップが抱える無数の課題は、実は7つのパターンに分類できるのです。それが本書でまず伝えたいことです。

　これまで経営コンサルタントとして数十社のクライアントと向き合い、数百件以上のプロジェクト案件に取り組んできました。クライアント企業の社長の右腕として、その会社の経営課題を何年にもわたって整理したこともあります。その会社が抱える個別の課題は膨大にありましたが、それらはいくつかのジャンルに分類できることがわかってきました。そして、ビジネス上の経営課題はさほど多くないパターンに分類できることに気づきました。

　また、20世紀初頭から発展した経営学の系譜を振り返って、そこでも経営上の問題はいくつかの研究領域に分類されていることがわかりました。

　こうして私が行き着いた結論は、ビジネス上の課題は7つのパターンに分類できるということでした。

テーマの領域が同じなら、迷わず同じパターンを使おう

　ビジネスのさまざまな課題が7つのパターンに分類できるのですから、あなたがいま取り組んでいる問題に合致するものもそこに含まれるはず。したがって7つのパターンの中から選べば、それが提案書のテーマになります。提案書のテーマが決まれば、提案書の構成や筋書きのパターンが決まり、そ

れが提案書作りの羅針盤になります。

　提案書のテーマが同じ領域のものであれば、提案書の構成や筋書きも同じであってかまいません。つまり、同じ領域に属する問題には同じパターンの構成や筋書きを使えるということです。同じ構成や筋書きを使っても、異なる課題に対してはそれぞれ最適な解決策を提示できます。プロは提案書のパターンを熟知したうえで、優れた提案書を書いているのです。

　優れた提案書は、ビジネスの財産として蓄積されていきます。そのとき、どのパターンの提案書であるのか分類されます。そうやってアーカイブ（重要なものを記録し、活用するために、未来へ伝達すること）された提案書は、次の提案書を書くときの指針、参考文献となるのです。

　それでは、提案書の７つのパターンを１つずつ見ていきましょう。

図2-1　提案書の７つのパターン（ビジネスの課題をほぼカバーできる）

パターン①「数字で問題解決」 ▶ 調査や分析を中心に戦略を策定。でもそれだけでは解決できないのがビジネスだよね、という話

パターン②「他社マネの限界」 ▶ 他社から学ぶのはいいけれど、ベンチマークにも限界がある、自社の能力を磨く必要があるよね、という話

パターン③「予期せぬ出来事」 ▶ 予想もしていなかった小さな成功からうまくいくことがあるかもね、という話

パターン④「上辺だけの合意」 ▶ 社内対立を招く、派閥争いが起こる、社外人材を邪魔にしているよね、という話

パターン⑤「新しい組み合わせ」 ▶ あれこれ知を探索することからイノベーションが生まれるよね、という話

パターン⑥「新時代の要請」 ▶ 長い時間が経つとビジネスの中身を変えていく必要が出てくるよね、という話

パターン⑦「やっかいな問題」 ▶ 課題が変わる、消える、新しい課題にぶつかる、こんな面倒な問題はどうしようか、という話

提案書の７つのひな型から１つを選ぼう！

パターン①
「数字で問題解決」の
提案書を選ぶべきとき

　パターン①は、ビジネス上の新たな戦略策定に関する提案書を書く場合に使います。大きなものではビジネス全体にかかわる経営戦略、M&A（合併・買収）戦略があり、そして個別の事業戦略、あるいは人事や知財、財務、システムなど個別機能の戦略を扱う場合に使えるパターンです。

　個別のビジネスでは、かかわっている仕事の成長戦略、マーケティング戦略やブランド戦略、市場戦略や営業戦略、販売戦略、競争戦略や提携戦略、調達戦略などの戦略を提案するときに使います。

　さらに、長期・中期・短期の計画を策定する場合にも適用できます。その計画から具体的な事業戦略を策定するような場合に利用します。

　一般的にパターン①は、ビジネスを現時点の状況から次の段階へ前進させるために、特定の戦略を策定する場合に適用します。次の段階といっても、進む方向や進み方にはいくつかの選択肢があるはずです。それらを複数検討し、その中から最適な選択肢を選んで、次への道筋を決めていくことになり

図2-2　パターン①「数字で問題解決」の提案書が取り扱うテーマは？

<table>
<tr><td rowspan="4">戦略を策定して事業を前へ進める</td><td>• ビジネス全体にかかわる経営戦略やM&A（合併・買収）戦略を検討する、事業それぞれについての事業戦略を練る</td></tr>
<tr><td>• 成長戦略、マーケティング戦略やブランド戦略、市場戦略や営業戦略、販売戦略、競争戦略や提携戦略、調達戦略などを検討する</td></tr>
<tr><td>• 長期や中期、短期の経営計画を策定する。その経営計画から具体的な事業戦略を描き出す</td></tr>
<tr><td>• 一般的に、今の時点の状態から、次の時点の状態へ前進させるための戦略を策定する</td></tr>
</table>

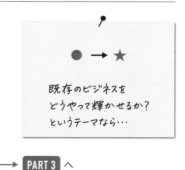

● → ★

既存のビジネスを
どうやって輝かせるか？
というテーマなら…

PART 3 へ

ます。

　また、パターン①の特徴として、定量的な分析を伴うことが多くなります。市場のデータを分析したり、関係者へのヒアリングを行ったり、質問票を作成して社会調査を実施し、その結果を分析したりした結果、目指すべき次の状況が見えたときに、パターン①を選ぶのです。

　パターン①を使う際は、このような定量分析を使って客観的にいくつかの選択肢を比較検討し、競争優位を得ようすることが多いようです。

　しかし、現実のビジネスでは、経営トップに近い組織や本社の経営企画部などが考えた戦略が、何ら抵抗や障害もなくそのまま実行されることはまずありません。戦略を考察する本社と戦略を実行する現場との間には深い溝があります。調査や分析だけでは解決できない問題が横たわっているのも事実なのです。

　本社の会議室では戦略は実行されません。そこがパターン①の提案書を書くうえで気をつけなければいけない点です。

　経営学の世界では、かつてマイケル・ポーター教授が唱えた持続的な競争優位の戦略が重視されていました。しかし、デジタル化の急速な進展で経営環境の変化が速くなった今日は、ハイパー・コンペティション（過当競争）の時代であると言われます。このような時代では、企業の競争優位の持続期間は短くなると、リチャード・ダベニー教授は指摘しています。さらにリタ・マグレイス教授は一時的な競争優位というコンセプトを提示しています。このように数十年で競争優位に関する見方が変わった点にも注意が必要です。

　パターン①「数字で問題解決」の提案書の書き方については、PART3で詳説します。PART3はチュートリアルとして特に丁寧に説明をしていますので、パターン②〜⑦の課題を選ぶ場合にも参考にしてください。

パターン②
「他社マネの限界」の
提案書を選ぶべきとき

　パターン②は、企業の業務改善や組織能力の向上を目的とする提案書を書くときに使います。業務プロセスの改善、組織構造の変革、人材の能力向上など、企業のケイパビリティ（組織能力）にかかわる提案を扱います。

　業務システムを更改するときの業務の見直し、研究・開発スピードの向上、営業業務の改善などはよくあるテーマです。また持株会社化、子会社や事業部の再編などのテーマにも適用します。

　一般的にパターン②は、企業のケイパビリティをいまより高い水準へ上げるという課題について適用します。したがってオペレーション力の向上を目指すことが、この提案の目的になります。

　また、パターン②の特徴として、課題の分析に際して業務のプロセス図を利用することが多くなります。現状のプロセスと新しいプロセスを比較し、具体的にどこの部分をどのように改善するのか、その期待効果はどれほどあるのかを検討します。

図2-3 パターン②「他者マネの限界」の提案書が取り扱うテーマは？

業務を改善して組織能力を高める

- 組織における業務改善や組織能力の向上を目的とした打ち手を検討する
- 業務プロセスの改善、組織構造の変革、人材の能力向上など、企業の組織能力（ケイパビリティ）にかかわる提案を行う
- 業務システムを更改するときの業務の見直し、研究・開発スピードの向上、営業業務の改善、また持株会社化、子会社や事業部の再編などのテーマを扱う
- 一般的に、企業の組織力をいまより高い水準へ上げていくための改善策を策定する

マネばかりでなく、
自身の能力を向上させよう、
というテーマなら…

PART 4 へ

マッキンゼーの7Sというフレームワークがあります。組織の7つの成功要因を定めたもので、ハードのS（Strategy/Structure/System）とソフトのS（Staff/Skill/Style/Shared Value）を定義しています。マッキンゼーはケイパビリティ論の分野に強いコンサルティング会社として知られています。例えばこれら7つの要素のレベルアップを図るというテーマで提案をするときは、パターン②を使います。

トヨタ自動車のカイゼン（トヨタ生産方式）はつとに有名です。豊田喜一郎の考えをもとにして、大野耐一がトヨタの自動車生産工場で実践しながら体系化したもので、カイゼン活動は世界中に広まっています。

カイゼン活動の難しさは、それを継続的に実施することと、組織の隅々にまで浸透させること、当たり前の活動として組織に定着させることにあります。ですから、理論を学んで他社の事例を観察したり、うまくいっている会社をベンチマークしたりしても、組織に定着させることはなかなか困難なのです。この意味から、パターン②には「他社マネの限界」問題という名称を付けました。

オペレーション力の向上を目指して業務を改善することの難しさは、組織全体の均整をとる点にあります。例えば、生産工程の中で1つのプロセスを機械化し、効率を飛躍的に高めたとします。もし、その前後のプロセスを改善しなかったら、いったい何が起こるでしょうか。機械化したプロセスの前には仕掛品がなく、そのプロセスの後には仕掛品の山が積み上がるのです。

要するに、業務プロセス全体の均整を整えなければ、組織全体としてのパフォーマンスは上がらないのです。ですから部分的に他社の仕組みを適用しても、自社全体のケイパビリティは必ずしも向上しません。ここがパターン②の「他社マネの限界」問題の難易度が高い理由です。

パターン②「他社マネの限界」の提案書の書き方については、PART4で解説します。

パターン③

「予期せぬ出来事」の
提案書を選ぶべきとき

　パターン③は、新しい事業や新しい製品・サービスの開発にかかわる課題の提案書を書くときに適用します。

　パターン①で扱う課題は、既存事業の成長・拡大を図るうえでの課題ですが、パターン③の「予期せぬ出来事」は新規事業を対象としています。

　一般的にパターン③は、いまはまだ、新しい事業や製品・サービスの形がはっきりしていない状態、課題自体が混沌とした状況から出発します。

　経営学の世界には、事業計画は事前にできるだけ精緻に立てるべきだという、イゴール・アンゾフの事前計画主義の流れがありました。一方で、ヘンリー・ミンツバーグ教授は「不確実性の高い時代には、事業の目的や計画は実際に事業を進めていくうちに、おのずと形成されてくる」という事後学習主義を提唱しました。パターン③の提案書は後者の考え方を前提にして使います。

　例えば、グーグルは創業当初、ビジネスモデルとして２人の技術者が開発

図2-4　パターン③「予期せぬ出来事」の提案書が取り扱うテーマは？

何かしらの新しい事業を生み出す

- 新しい事業や新しい製品・サービスを開発することを目的とする
- 新規事業の立ち上げ、新製品や新サービスの開発などのテーマを扱う
- 既存の事業を対象とするのではなく、新規の事業を対象とした提案書を作る
- 一般的に、今は形がはっきりしていない状態、現在は混沌としている状態から出発して、新しい製品やサービスを作り上げていく場合に活用する

？ → ★

新しい事業や製品に果敢に挑戦することがチャンスを生み出すかも、というテーマなら…

PART 5 へ

した検索エンジンの販売を模索していました。しかし、検索エンジンの販売は思うように進みませんでした。その後、検索エンジンの収益化を試行錯誤する中で、インターネット広告からの収益に注目するようになり、それによって飛躍的に成長したのです。これは事後学習主義の一例です。新しい事業化を模索する中で、当初の計画とは異なるビジネスモデルで事業が成長していったのです。

　グーグルに続き、米国の西海岸では数々のスタートアップ企業が生まれました。この成功の奇跡を解き明かしたのが、スティーブ・ブランクの『アントレプレナーの教科書』（翔泳社）です。ブランクは、成功に重要なことは、商品開発と顧客開発において実証実験を繰り返しながら軌道修正することである、と主張しています。弟子のエリック・リースは、『リーン・スタートアップ』（日経BP社）でブランクの考えを、既存の大企業にも適用できるようにマネジメント全体へ発展させました。

　パターン③の「予期せぬ出来事」という名称は、小さな成功が後の大きな成功の種であるという考えから付けたものです。新事業を育てるためには、大きな組織では見落とされてしまうような、予期せぬ小さな成功に気づくことが大切です

　パターン③「予期せぬ出来事」の提案書の書き方については、PART5で解説します。

パターン④

「上辺だけの合意」の
提案書を選ぶべきとき

　パターン④は、社内もしくは社内外の深刻な対立を解決するための提案書を書くときのひな型です。部門間の対立や派閥争い、外部から招いた人材を排斥する動き、M&Aに絡んだ買収される側と買収する側の対立、といった問題がテーマになります。

　こうしたテーマは多かれ少なかれ、どこの企業にも内在しています。会長派と社長派の確執、収益源である既存事業と成長著しい新規事業の対立、開発部門と営業部門の意見の衝突など、いろいろな場面が想像されます。

　また、このテーマは新聞や雑誌の紙面をにぎわすこともしばしばです。例えば、大塚家具の創業者である会長とその娘である社長の対立が長く続きました。また、LIXILグループでは創業者とプロ経営者との間で経営権の争奪戦が繰り広げられました。

　残念なことに、人間は生来、いろいろな所に境目を作って、その内と外で

図2-5 　パターン④「上辺だけの合意」の提案書が取り扱うテーマは？

組織の中や組織の内外で起こった対立を乗り越える

- 社内もしくは社内外の深刻な対立を解決するための提案を策定する

- 社内の部門間での対立や派閥争い、外部から招いた人材を排斥する動き、M&Aに絡んだ買収される側と買収する側の対立のような問題をテーマとする

- 会長派と社長派の確執、既存事業と新規事業の対立、開発部門と営業部門の意見の相違、社外から招聘した幹部と古参幹部のいさかい、などを扱う

- 一般的に、対等な立場にある二者が対立している状態から始まり、より高い視座から二者の対立が解消されるような方策を編み出す

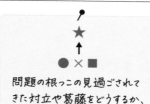

問題の根っこの見過ごされてきた対立や葛藤をどうするか、というテーマなら…

PART 6 へ

対立するものなのでしょう。行動経済学では、このような人間の本能を分断本能と呼んでいます。さまざまな物事や人を、2つのグループに分けてしまう本能のことです。そして、私たちのグループとあの人たちのグループが、対立の温床になります。

　一般的にパターン④は、対等な立場にある二者が対立している状態を前提にします。そして高い視座で問題を整理・分析し、二者の対立を解決する方法を提案していくような筋書きが想定されます。

　例えば、ある部門の責任者と別の部門の責任者が対立しているとき、両者が話し合いを続けてもなかなか決着はつきません。話し合いの場では合意したように演じて、自部門に戻ったら従来どおりの対立行動をとるといった例はよく見かけます。これでは、いつまでたっても対立は解消されません。パターン④の「上辺だけの合意」というネーミングは、このような事態を想定しています。

　決着をつける方法は、民主的な多数決に頼るか、リーダーシップのある経営トップが裁定するかのどちらかでしょう。株主総会での議決権数に基づく投票は前者の例です。ただし、多数決で決着しても、その後の組織運営では経営トップのリーダーシップが必要になります。ですから、心底からの合意の域に達するためには、きわめて人間くさいリーダーの役割が重要なのです。

　言い換えれば、根深い対立を解決するには、経営トップの率先垂範が必要なのです。経営トップが率先して行動することで、組織の構成員は同じ目標に向けて行動するものです。

　いつの時代でも、経営における意思決定の質は、その後の企業の有り様に大きな影響を及ぼします。ピーター・F・ドラッカーは「意思決定における第一の原則は、意見の対立を見ないときには決定を行わないことである」と言っています。この意味でも、意見の対立は必要ですが、それを放置していることは許されません。リーダーシップが試されているのです。

　パターン④「上辺だけの合意」の提案書の書き方については、PART6で説明します。

パターン⑤

「新しい組み合わせ」の
提案書を選ぶべきとき

パターン⑤は、イノベーションを起こすことを目指す提案書を書くときに使います。ビジネスの世界におけるイノベーションは、新しいアイデアでこれまでにない新たな価値を創造し、社会に大きな変化をもたらすことと定義できます。ただし、組織や人によってその定義は異なるようです。

ちなみに、イノベーションを最初に定義した経済学者、ヨーゼフ・シュンペーターは、「新結合」（new combination）という言葉を使っています。そこで、この用語を受けて、パターン⑤は「新しい組み合わせ」というネーミングにしています。

イノベーションの内容は5つあります。

・新しい財貨の生産（プロダクション・イノベーション）

・新しい生産方法の導入（プロセス・イノベーション）

・新しい販路の開拓（マーケット・イノベーション）

・新しい供給源の獲得（サプライチェーン・イノベーション）

・新しい組織の実現（オーガニゼーション・イノベーション）

近未来の社会では、人々は従来の貨幣や紙幣の代わりに、国が発行したデジタル通貨を使います（プロダクション・イノベーション）。そのデジタル通貨で購入した商品は、工場で生産されて運送会社が配達してくれるのではなく、自宅に置かれた3Dプリンターから出力されてきます（プロセス・イノベーション）。使わなくなった商品はフリマアプリを使って世界中の誰かに売ることができますます（マーケット・イノベーション）。

企業も人々もギグエコノミー（インターネットを通じて仕事を受注する労働者によって成り立つ経済形態のこと）の世界で活動し、企業は自宅にいるギグワーカーを雇います（サプライチェーン・イノベーション）。そのギグワーカーを活用する企業は、トップひとりだけで経営されています（オーガニゼーション・イノベーション）。

　こうしたイノベーションは一朝一夕には実現しないかもしれませんが、その萌芽が見えています。成功の確率は低くても、実現したときに得られるビジネスチャンスの大きさを考慮すれば、目指すべき意義は大きいのです。

図2-6	パターン⑤「新しい組み合わせ」の提案書が取り扱うテーマは？

社会を大きく変える
イノベーションを起こして

- 社会にイノベーションを起こすことを目的とした提案を行うときに適用する
- 新しいアイデアから、これまでとは異なる新たな価値を創造して、社会に大きな変化をもたらすことを検討する
- イノベーションを行う。新しい考えから生み出される価値が社会を変革するような提案を行う
- 一般的に、ある要素とある要素を組み合わせることにより、新しい要素が創造されるような事例に適用する

PART 7 へ

意外な組み合わせで、
閉塞状況を突破できるかも？
というテーマなら…

　一般的にパターン⑤の「新しい組み合わせ」は、ある要素とある要素を組み合わせることで、別の新しい要素が創造されるような場合に適用します。新結合の定義そのものです。ビジネスの世界では通常、社会的に価値のある新しい要素を想定したうえで、イノベーションのもととなる要素と要素の組み合わせを探索していきます。

　イノベーションを実現するためには、組織の外部で知の探索を行う、オープン・イノベーションを実践する、などの方法が提唱されています。例えば、企業の研究所が外部との接点を増やせば、イノベーションが生まれる確率が高くなるということです。

　しかしながら、イノベーションを実現するカギは組織内部にあります。組織の中でイノベーションに取り組める人材を育て、それを支える組織を構築しなければ、社会にインパクトを与えるようなイノベーションは起こせないのです。ここがパターン⑤の最も難しいところです。

　パターン⑤「新しい組み合わせ」の提案書の書き方については、PART7で説明します。

パターン⑥

「新時代の要請」の 提案書を選ぶべきとき

　パターン⑥は、時代が変化して既存の事業を再定義する必要に迫られたとき、その対応策を提案する場合に適用します。歴史のある企業で、創業時の事業をそのまま続けているところはまれでしょう。そのような企業は、おそらく市場から退場を迫られているはずです。何十年も永続する企業にとって、事業の再定義は避けて通れません。

　「もはやこれまでの成功が続くような時代ではない。では、どうするか？」という提案書を書く際にパターン⑥のひな型を使います。

　有名な事例を紹介しましょう。1881年創業の米イーストマン・コダックは、世界で初めてフィルム（ロールフィルム、カラーフィルム）を発売した企業です。しかし、2000年頃からデジタル化の波に乗り遅れ、2012年に経営破綻しました。事業の再定義に失敗したからです。

　一方、同じフィルム事業を主力としていた富士フイルムは、事業の再定義に成功しました。フィルム事業で培った技術をベースにして、液晶ディスプレイや医療機器、化粧品などの新たな事業分野を開拓したのです。もちろん、痛みを伴うフィルム事業の大幅な縮小にも取り組みました。

　最近の事例もあります。米マイクロソフトは、OSの企業からクラウドの企業への転換に成功しつつあります。クラウド基盤のMicrosoft Azureや、ネット経由で利用する業務ソフトのMicrosoft 365が伸びています。

　日本のトヨタ自動車は世界を代表する高収益企業ですが、いま事業の変革を果敢に進めています。豊田章男社長は2019年に、100年に一度の大変革の時代にトヨタは、自動車を作る会社から「モビリティカンパニー」へモデルチェンジする、と宣言しました。

　パターン⑥を採用するにあたっては、セオドア・レビット教授の『マーケティング近視眼』は必読です。彼の主張することは、顧客は商品を買うのではなく、その商品が提供するベネフィットを購入している、というものです。

そして、米国の鉄道会社は、人や物を目的地へ運ぶことを使命とせず、車両を動かすことを会社の使命としたために衰退したと分析しました。

図2-7 パターン⑥「新時代の要請」の提案書が取り扱うテーマは？

新しい時代に合わせて事業や組織を見直す

- 時代が変化して、組織がその事業を再定義する必要に迫られたときに、その再定義を提案する
- 創業当時のまま同じ事業を続けている企業はまれで、何十年も永続する企業にとっては、事業の再定義は避けて通れない
- このテーマでは、事業を変革することに加えて、それを運営する組織文化の変革も併せて検討する
- 一般的に、新しい時代の要請に合わせて、事業と組織を再定義するための方策を検討する

これまでの路線は時代遅れ。違う方向を目指そう、というテーマなら…

→ **PART 8** へ

　このテーマの本質は、事業を変革する際には、それを運営する組織文化の変革も必要になることです。場合によっては、次世代の新しいリーダーにバトンタッチすることも必要です。

　今日、日本を代表する企業の創業経営者が、後継人材へのバトンタッチに苦戦しています。例えば日本電産の永守重信氏、ソフトバンクグループの孫正義氏、ファーストリテイリングの柳井正氏などです。これに対して、京セラ創業者の稲盛和夫氏は「フィロソフィ」と呼ばれる独特の企業倫理思想を残すことで、内部昇格を中心にその後、7人の社長にバトンを引き継いでいます。

「新時代の要請」に応えて事業を変革することには、稲盛氏のように次世代の人材へ会社を承継することも含まれるのです。

　パターン⑥「新時代の要請」の提案書の書き方については、PART8で説明します。

パターン⑦
「やっかいな問題」の
提案書を選ぶべきとき

　パターン⑦は、会社が取り組む必要が突如として生じた、複雑で難しい問題についての提案書を書く場合に使います。ビジネスを取り巻く環境の変化によって、これまで視野に入れてこなかった問題にも対処するよう、要請されるケースが増えてきています。

　PEST分析のフレームワークを使って、典型的な「やっかいな問題」を見てみましょう。

政治的要因（Politics）は、環境規制の強化や、グローバル化に伴う各国の
　税制の変更など

経済的要因（Economy）は、物価上昇率の低下や、低成長・ゼロ成長経済へ
　のシフトなど

社会的要因（Society）は、人口構造の高齢化、貧富の格差拡大など

技術的要因（Technology）は、AIの進化、量子コンピュータの実現など

　特に注目すべきは、国際機関主導でESG（環境、社会、企業統治）を重視する傾向が急激に高まってきたことでしょう。投資家はESGを重視した投資基準を掲げて、石油・ガス業界だけでなく、IT業界やその他の業界へも厳しい視線を向けています。

　具体的には、温暖化ガスの排出量を削減もしくはゼロにする、環境に配慮したオフィスの建設。IT機器に欠かせないアフリカのコバルト採掘鉱山での児童労働への対応も急務ですし、企業幹部の社内不祥事や、驚くほどの高額報酬への批判も高まっています。

　また、個人情報保護の問題もクローズアップされています。消費者の情報を収集・分析しながら成長してきた巨大IT企業が、個人情報の保護をおろそかにすることは許されなくなりました。SNS上での政治的投稿の取り扱いにも慎重な判断が求められます。

　さらに、監視社会への警戒も高まっています。いまやIT企業の技術やノ

ウハウは、監視社会や監視国家の構築に不可欠です。急速に進化し続ける
AI（人工知能）技術の使い道を規制しようとの動きが起きています。

このようなESGや個人情報保護、監視社会などがやっかいな問題の典型
です。20世紀にはほとんど顧みられることのなかった事柄が、特に2010年
以降、企業が取り組むべき問題として登場してきたのです。

図2-8 パターン⑦「やっかいな問題」の提案書が取り扱うテーマは？

容易に解決できない新種の問題に取り組む

- 突如として取り組む必要が出てきた、新しい問題についての提案を検討する

- 経営を取り巻く環境の変化によって、これまで視野に入れてこなかった問題に対処するよう要請された場合に適用する

- ESG（環境、社会、企業統治）や監視社会、個人情報保護などがやっかいな問題の一例である

- 一般的に、新種の問題に直面し、それを解決したとしても、再び新種の問題に直面するような場合に適用する

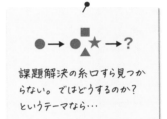

課題解決の糸口すら見つからない。ではどうするのか？というテーマなら…

PART 9 へ

やっかいな問題（wicked problem）は、扱いやすい問題（tame problem）の
反対語です。1967年にカリフォルニア大学バークレー校で、ホースト・リッ
テル教授が提唱したのが最初とされています。それは、情報が混乱、錯綜し
ており、多くの関係者の利害が対立している状況にある社会システムを示す
用語として使われました。

ビジネスにおいてやっかいな問題への対応が難しい理由は、問題解決の終
わりが見えにくいことです。解決したと思っても、また次の問題が出てくる
のです。別の利害関係者が、別の視点から問題を提起したり、より深い問題
に直面することになったりする可能性があります。だからやっかいな問題な
のです。

パターン⑦「やっかいな問題」の提案書の書き方については、PART9で
説明します。

本書では、架空の「令バイオテック社」のさまざまな提案書を作ります

　さまざまな提案書を具体的に考えるために、「令バイオテック社」（以下「令バイオ」とします）を架空の会社として取り上げます。医薬、生命科学の分野で、ゲノム解析や遺伝子治療などの先進的な技術を開発し、研究機関等に提供している企業です。

　令バイオは、生命体の遺伝子レベルにまで踏み込んで、健康の維持や病気の予防、治療に役立つ研究と開発を行っています。読者の中にも、ご自身の遺伝子検査を受けられた方がいるかもしれません。また家族や親戚に、遺伝子治療を受けられた方がいるかもしれません。このような検査や治療のもとになる基盤技術を開発しているのです。

　現在、令バイオが手がけている事業は、主に3つあります。1つは、世界中の革新的なバイオ研究を支援する目的で、研究用の試薬や理化学機器を開発・販売しています。もうひとつは、遺伝子治療の臨床開発です。がんや難病などの分野で、患者一人ひとりに合った治療を行うために、ゲノムにかかわる研究開発とその技術を開発し商業化しています。そして3つめは、バイオ食品や健康食品の素材の開発・製造です。

　令バイオの年間売上高は400億円で、営業利益は40億円。営業利益率は10％を超えています。従業員の数はおおよそ500名です。

　令バイオは、国内・海外で飲料事業を展開しているXホールディングス（持株会社）の傘下にあります。Xホールディングスの傘下には、医薬・バイオ・ゲノム事業を手がける令バイオのほかに、国内で飲料や食品の製造・販売を行っているB社、海外で飲料と食品を販売しているC社があります。B社はXホールディングスの祖業で、創業は1800年代までさかのぼり、200年近くの歴史があります。海外事業を始めたのは1970年代に入ってからで、それがC社へとつながっています。医薬・バイオ・ゲノム事業を本格化させたのは1990年代に入ってからです。

　Ｘホールディングスの連結売上高は2800億円あります。そのうちＢ社の売上高が1600億円、Ｃ社の売上高が800億円で、令バイオの売上高は400億円になります。

読者のあなたの立ち位置

　読者のあなたは、令バイオの社長を支える立場です。社長の片腕として戦略全般を考える経営企画部長でもいいですし、社長に雇われた外部のコンサルタントでもよいでしょう。

　いずれの立場であろうと、あなたは令バイオが直面するさまざまなビジネス上の課題を解決する責任を負っています。解決策を考え、それを実行し、取締役会の承認を得る必要があります。株主総会の議決を受ける必要があります。あるいは外部の専門家の立場として、その会社の解決策を提案し、実行を促す必要があります。そのことを頭に入れて、次章以降に展開される令バイオのストーリーを読んでください。

　さて、PART2を読んで、あなたが書こうとしている提案書の課題がどのパターンに当たるか、わかりましたか。あなたが書きたい提案書が該当するパターンを1つ選んでください。パターンを選べたら、そのパターンの書き方を解説している章へ進み、早速書き始めていただいてかまいません（ただし、PART3はチュートリアルとして特に丁寧に書き方の説明をしていますので、まずは一読することをお勧めします）。もちろん、章を追って順に読めば、さまざまなビジネスの課題に取り組むコンサルタントのバラエティに富んだ提案書に触れることができます。

パターン①「数字で問題解決」　→　PART 3 へ　（チュートリアルを兼ねる）

パターン②「他社マネの限界」　→　PART 4 へ

パターン③「予期せぬ出来事」　→　PART 5 へ

パターン④「上辺だけの合意」　→　PART 6 へ

パターン⑤「新しい組み合わせ」 ⟶ PART 7へ

パターン⑥「新時代の要請」 ⟶ PART 8へ

パターン⑦「やっかいな問題」 ⟶ PART 9へ

PART 3

パターン①
「数字で問題解決」提案書の
書き方

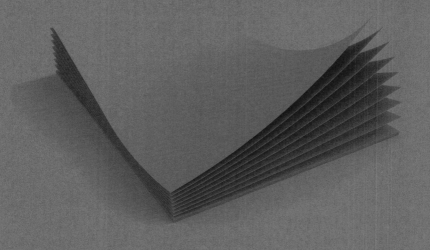

　計画が知的な遊びに終わっていることが多いことに気づいた。計画をきれいに綴じて棚においている。それだけで素晴らしいことを行なった気になっている。たしかに計画はつくった。しかし、実際に行なわないかぎり、何も行なったことにはならない。

（ピーター・F・ドラッカー）

令バイオの「数字で問題解決」提案書

経営企画スタッフは、目標に向けて どんな戦略を提案すべきか

中期経営計画の具体化に向けて動き出す

　20XX 年 6 月も終わりに近づいたある日、令バイオの社長は役員会議室の片隅で 1 人思案していました。ほかに誰もいない落ち着いた空間の中で、彼は安堵感と高揚感にひたっていたのです。

　先週の金曜日、令バイオの親会社である X ホールディングスの株主総会が開かれました。令バイオの社長は医療・バイオ・ゲノム事業の責任者として、親会社の社長や取締役、その他の事業責任者と共に、その株主総会の壇上にいました。

　今年は、X ホールディングスにとっても令バイオにとっても、節目になる年です。昨年度までの 3 年間の中期経営計画が終了し、今年度から新たな 3 カ年経営計画が始まるからです。その株主総会が無事に終わったことで、社長は安堵感を感じると同時に、提出した 3 カ年経営計画になんとか及第点をもらえたのかな、と自己評価していました。

　一方で、今年度からの 3 年間は、これまでよりもチャレンジングな事業運営を求められることがわかっています。株主総会の中で説明した中期経営計画に沿って、新たな事業展開に邁進しなくてはなりません。

　社長は、3 年間でいろいろ試してみたいことがあるし、実現したいこともある、という強い思いがもたらす高揚感に包まれていました。

　とにかく、今週から速やかに動き出す必要があります。中期経営計画の中では 3 年後の目標と大きな指針は述べられていますが、詳細な戦略策定はこれからの仕事です。計画の中身を具体化して、令バイオの戦略に落とし込み、それを推進していかなくてはなりません。

　本章の扉に載せたドラッカーの言葉にあるように、計画は良き意図にすぎ

ません。計画が戦略に展開されてはじめて、意図が行動に変わります。そして組織や人が成果を求めて動くようになるのです。

　計画に魂を込める、その魂を組織の中に浸透させることは、経営トップとしての務めです。

テーマは事業戦略

　社長が直面している課題は、医療・バイオ・ゲノム事業の戦略を作ることです。実践的な戦略を定めて、令バイオの組織と人材を目標に向けて動かすことです。この戦略は目標の達成と成果の実現を目指して、実行可能でなければなりません。

　親会社であるXホールディングスが中期経営計画を練り始めたのは、ちょうど1年前でした。医療・バイオ・ゲノム事業を担う令バイオも、経営企画部のスタッフを中心とした経営計画策定チームを編成し、親会社が主導する経営計画の策定にかかわってきました。

　さて、今回の事業戦略の具体化に際しては、本社の経営企画部のスタッフを3名に絞り、現場の事業部から優秀なスタッフを引き入れて新しいチームを編成することになっています。その事業戦略策定チームが、経営計画をもとにして事業戦略の具体化に取り組むのです。

　また、事業戦略の一部に関しては、社外のコンサルティング会社へ依頼することも検討しています。第三者の専門的な知見を取り入れながら、社内チームが作った戦略を肉付けしていこうという目論見です。

　令バイオには大きく分けて3つの事業領域があります。最も規模の大きい主力のバイオ支援事業、最先端の技術力を生かして急成長中のゲノム支援事業、そして派生技術を使った消費者向けの機能性食品事業の3つです。

　今回の新中期経営計画の下で、令バイオ社長のコミットメントの1つは、令バイオの売上高を3年間で400億円から500億円へ、25%増にすることです。主力のバイオ支援事業については、360億円から400億円へ、40億円の売上増が目標です。

では、バイオ支援事業の売上拡大を実現するための方策にはどのようなものがあるでしょうか。令バイオの社長は1年前、中期経営計画を策定しているときから、そのことを思案してきました。そして、大雑把に見て3つほど打ち手がありそうだと考えていました。

　まず、取り扱う商品領域を広げることです。近年、バイオ関連の研究は進歩のスピードが速く、それに伴って研究者が求める研究材料が変わり、研究機材も改良が重ねられています。それにキャッチアップするには、研究者のニーズを先取りして、最先端の商品群を取り揃えていくことが必要です。

　次に、商圏を広げて顧客を拡大するという施策です。現在営業拠点が多い関西圏から、中部圏や首都圏へ広げていくのです。そして3つめは、販売チャネルに着目して、対人営業主体の販売だけでなく、ネットを活用したECによる販売を伸ばしていくことも考えられます。

　このように、いま令バイオの社長が向き合っている問題は事業戦略の策定です。それは商品戦略という名称がふさわしい問題かもしれませんし、顧客戦略や市場戦略、マーケティング戦略と言えるかもしれません。また、販売戦略やチャネル戦略でもありえるでしょう。

　いずれにせよ、ここでの問題のテーマは売上増を実現するための事業戦略なのです。この問題に応える提案書は、どのようになるでしょうか？

令バイオの「数字で問題解決」提案書

経営トップの頭の中を推し量って
大まかな提案内容を考える

事業戦略策定チームの一員であるあなたは、社長が抱える課題に対して、どのような提案書を作ったらよいでしょうか。社長が共感し、そのうえで組織を動かせるような内容が求められます。あなたは、主力のバイオ支援事業の拡大戦略の策定を任されているのです。

令バイオの社長はバイオ支援事業について、心の内ではEC販売を拡大していきたいと考えています。といっても、対人営業を縮小するということではありません。BtoB（企業間取引）のビジネスであっても新しい販売方法の可能性を試したい、テクノロジーの進歩に合わせたマーケティングや営業方法の知見を高めたい、という狙いを秘めているのです。

現時点で頭の中にある仮説は、「バイオ支援事業はEC販売の拡大によって売上高400億円、すなわち3年間で売上高40億円増を達成する」というものです。EC販売をどうやって拡大するのだろう？ どの程度の売上増の可能性があるのだろう？ など疑問は尽きません。もっと具体的な内容にしたいとは思うのですが、現時点ではこの程度の仮説でよいと割り切っています。

もちろんこの仮説は、事業戦略の検討を深めていく中で、具体的でより力強いメッセージに進化していきます。事業戦略策定チームが具体化の検討を重ねる中で、この仮説を進化させていけばよいと社長は考えているのです。

社長がEC販売への注力に関心を示していることは知っています。また、チーム内での議論から、商品の充実化や、中部や首都圏への商圏拡大の可能性があることもわかってきました。

つまるところ、商品の品揃えの充実や商圏の拡大、販売チャネルの複線化が売上拡大の施策となりそうです。

提案書の大きな流れを考える

　社長の腹案を考慮すると、現時点でのメッセージは、「バイオ支援事業が3年間で売上40億円増を達成するためには、商品の品揃えの充実、商圏の拡大とネット販売への進出が打ち手である」となりそうです。あまり面白みのないメッセージですが、現時点ではよしとします。もちろん、このメッセージは仮説ですから、検討を深めながら修正していきます。

　さっそく、提案書を構成する、キーとなるスライドを考えてみましょう。

　基本の3章構成に従うと、第1章、第2章の1、第2章の2そして第3章のそれぞれにキーとなるスライドがあります。ですから提案書全体では、4枚のキースライドができることになります。

　まず、基本の3章構成に沿って、提案書の構成、提案書で伝えたい内容を大枠でつかんでみましょう。この段階では、**図3-1**のような流れにするのが合理的ではないでしょうか。

図3-1　パターン①「数字で問題解決」の提案書

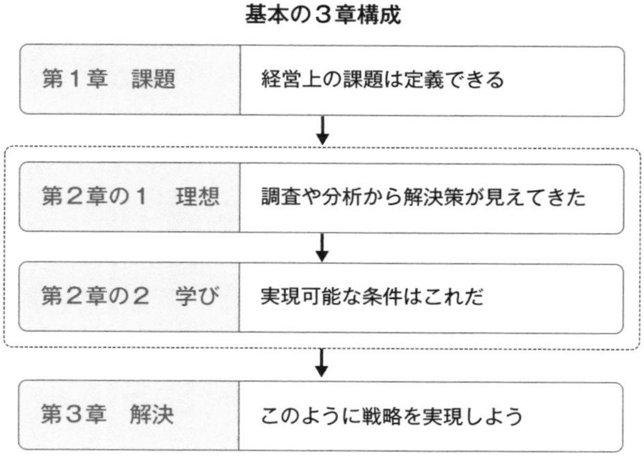

基本の3章構成

第1章　課題	経営上の課題は定義できる

↓

第2章の1　理想	調査や分析から解決策が見えてきた

第2章の2　学び	実現可能な条件はこれだ

↓

第3章　解決	このように戦略を実現しよう

令バイオの「数字で問題解決」提案書
第1章（課題）
新たな中期計画の課題を明確に示す

　提案書の第1章は課題について語るところです。したがってここでのキーとなるスライドは、課題の定義になります。新しい中期経営計画が策定され、その数字目標の達成をどのような戦略で実現していくのか、ということが課題です。

　第1章の課題は明らかです。新たな中期経営計画の目標が株主総会に提示され、その内容が承認されました。ですから、社長の頭の中の課題は「どうやって3年後の目標を達成したらよいのか」という内容でしょう。

図3-2　パターン①「数字で問題解決」第1章のキースライド

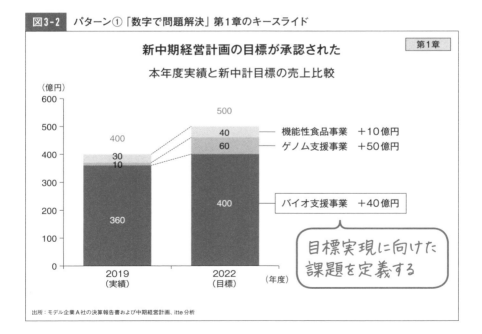

出所：モデル企業A社の決算報告書および中期経営計画、itte分析

第１章のポイント

　ここで、第１章のキースライドの例を見てみましょう（図3-2）。スライドのメッセージは、「新中期経営計画の目標が承認された」となっています。そして、前回の中期経営計画の最終年度に当たる昨年度の売上実績と、新しい中期経営計画の最終年度である３年後の売上目標の比較を行っています。

　グラフが示すように、昨年度の売上実績は400億円で、それを３年後には500億円まで増加させるという目標です。昨年度の実績の内訳は、バイオ支援事業が360億円、ゲノム支援事業が10億円、そして機能性食品事業が30億円で、合計400億円の売上規模です。

　一方、３年後の売上目標は500億円です。内訳はバイオ支援事業が400億円、ゲノム支援事業が60億円、機能性食品事業が40億円です。したがって、バイオ支援事業は40億円の売上増を目標とし、ゲノム支援事業は10億円から60億円へと50億円の急成長を目指し、機能性食品事業は30億円から40億円へ10億円の売上増とすることを目標としています。

　このようにして、令バイオのバイオ支援事業が売上40億円増を実現するために、どのような戦略が適切であるかということが課題であると示しています。

　第１章のキースライドは課題を定義します。現状と３年後の売上高を比較することで、その差異が40億円であることを見せ、40億円増を実現することが課題であると示します。事業戦略の提案では数字をグラフ化して示すことが多く、ここでもキースライドにグラフを使ってみました。

令バイオの「数字で問題解決」提案書
第2章の1（理想）
理想の選択肢を比べてみよう！

　第2章はどうでしょうか。バイオ支援事業の売上拡大策は3つほどありそうです。しかも論理的に考えて、それぞれの施策の戦略オプションを示して比較検討することもできそうです。ですから、第2章の1は「3つの戦略オプションの優位性を検討する」といった中身になるでしょう。

第2章の1のポイント

　提案書の第2章は考察です。第2章は前半と後半に分かれており、第2章の1では解決策の理想的な姿を描きます。つまり、第1章で設定した課

図3-3 パターン①「数字で問題解決」第2章の1のキースライド

新中期経営計画をもとに戦略オプションを考察する　第2章の1

バイオ支援事業の戦略オプション

打ち手1	打ち手2	打ち手3
商品の品揃えを増やす	商圏を広げる	販売チャネルを増やす
・自社ブランド品を開発して、商品点数を充実させる ・取り扱っている提携先ブランドの商品種類を増やす ・他社の商品群を買い取って、一気に商品数を拡大する ・商品開発の専門会社を買収する	・現在の中心顧客は民間の研究所や大学の研究室だが、これから公的な医療機関や先進的な医療機関との取引を拡大していく ・関西圏だけでなく、中部圏や首都圏でも販売を広げていく ・商圏を獲得するために、他の販売会社を買収する	・高額な機器については、リース販売も手掛けていく ・研究所内に消耗品などを扱うビジネスコンビニを設置する ・対人営業に加えて、EC販売をチャネルとして育てていく
0〜＋40億円	0〜＋150億円	＋10〜＋50億円

出所：itte インタビュー

複数のオプションを数字で比較する

題に対して、考えられる理想的な解決策を示すのです。

　第2章の1のキースライドは、第1章の課題を少なくとも机上では解決できる、理想的な戦略オプションを示せばよいでしょう。調査をして分析を加え、そこから出てきた戦略案を示します。

　図3-3に示したスライドの一例では、スライドのタイトルを、「新中期経営計画をもとに戦略オプションを考察する」としています。

　令バイオの社長はじめ社内でのヒアリングによると、バイオ支援事業の売上増には3つの戦略オプションがありそうだとわかってきました。それを比較したのがこのスライドです。

　まず打ち手の1は、商品の品揃えを増やす、という戦略です。試算によると、この戦略オプションでは売上規模で最大40億円の効果が見込めそうです。商品の品揃えを増やす具体的な方法としては、いくつか考えられます。自社ブランド品を開発して商品点数を充実させる、現在取り扱っている提携先ブランドの商品種類を増やすよう交渉する、他社の商品群を買い取って一気に商品点数を拡大する、という施策がありそうです。また、商品開発を専門に行っている企業を買収するというオプションも考えられるでしょう。

　打ち手の2は、商圏を広げるというものです。試算によると、このオプションでは売上規模にして最大150億円の増加が見込まれます。現在の令バイオの中心顧客は民間の研究所や大学の研究室ですが、これからは公的な研究機関や先進的な医療機関との取引を拡大していく、というのがこの戦略の狙いです。また、主力の営業所がある関西圏だけでなく、中部圏や首都圏にも販売網を広げていくという施策もあります。さらに一挙に商圏を獲得する目的で、同業の販売会社を買収することも考えられそうです。

　3つめの打ち手は、販売チャネルを増やすというものです。これまでは営業担当者による対面販売が主力でしたが、今後はリース販売も手がけていくというオプションがありそうです。また、ビジネスコンビニを設置するというアイデアはどうでしょうか。研究所の中に小型のコンビニを置かせてもらい、そこで消耗品等を販売するのです。もうひとつは、ECを活用した販売チャネルを育てていくというオプションです。

　この打ち手３の戦略オプションの潜在力は、売上高にして10億円から50億円の増加が見込めそうです。

　このように第２章の１では、戦略オプションを熟考してそれらを比較し、その中身とその可能性を探るというのがひとつのやり方です。

　バイオ支援事業をどう育てていくのかという課題に対して、理想的ではあるものの３つの戦略オプションを示して、その可能性を語ります。これがキースライドになります。

令バイオの「数字で問題解決」提案書

第2章の2（学び）　戦略実行の障壁に気づき、その解消法を提案しよう

　第2章の2は学び、悟りのセクションです。理想的な戦略は、そうやすやすとは実行できないものです。そのことに気づき、そこから得た教訓をキースライドに記述します。この教訓が課題解決のための真の課題に気づかせてくれて、次の第3章につながっていきます。

　第2章の1で示した理想的な戦略オプションは、現場にすんなりと受け入れられるのでしょうか。その戦略に従って、現場の営業部門や商品開発部門は動けるのでしょうか。ここが問題です。

　企業の現場に精通していればわかることですが、多くの場合、本社が定めた戦略を現場でそのまま実行できることはありません。本社は戦略を立てる人、頭を使って書類を作る人という意識で、実務の現場はその戦略を実行する人という意識です。この2つの意識はかみ合いません。

　これが第2章の2で述べるべき学びなのです。理想的な戦略は作れても、それを実行するまでには厚くて固い障壁があると認識することが大切です。

第2章の2のポイント

　図3-4は第2章の2のキースライドの例です。スライドのメッセージは、「経営の期待感と現場の納得感にはギャップがある」としてあります。経営が求める期待値は高くなりがちな一方で、その期待に応えようと現場が心から納得することへのハードルは高いものです。経営と現場がこのようなせめぎあいを乗り越えて、歩み寄れるのでしょうか。どのような組織でも、経営と現場の間には緊張と対立があるものです。

　第1章の課題を解決するために、第2章の1では理想的な解決策を考えました。しかしながら現実の経営は、机上で作った戦略のとおりには運びません。第2章の2では、戦略を前に進めるための課題、言うなれば真の課題を述べるのです。

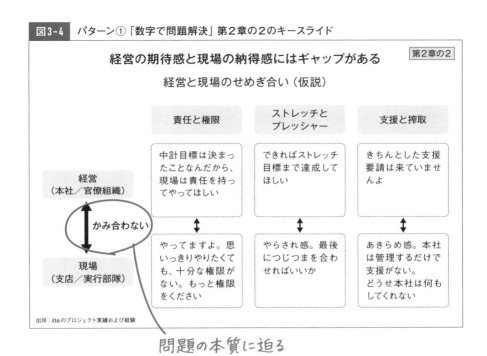

図3-4 パターン①「数字で問題解決」第2章の2のキースライド

経営の期待感と現場の納得感にはギャップがある

問題の本質に迫る

　多くの場合、経営と現場は緊張関係にあり、官僚的な本社組織と現場の実行部隊との間で話がかみ合わないこともしばしばです。会社の収益を本社の会議室が稼げることはなく、それは現場の一人ひとりの活動によって稼ぎ出しているのです。

　経営と現場のせめぎ合いには代表的なパターンがあります。責任と権限、ストレッチとプレッシャー、支援と搾取の対立です。ここではこの3つを取り上げています。

　まず責任と権限ですが、望ましい経営では責任と権限は両立します。責任には権限が伴い、権限には責任がついてまわります。ところが多くの場合、本社は現場に対して、「中計目標は決まったことなんだから、現場は責任を持ってやってほしい」と叱咤します。一方現場は、「やってますよ。思いっきりやりたくても、十分な権限がないからできないんです。もっと権限をください」と、必要な権限がないことを訴えます。これではかみ合

いません。

　ストレッチとプレッシャーもかみ合いません。親会社から厳しい目標を課されている本社のスタッフは、「できればストレッチ目標まで達成してほしい」と願うものです。願うというより、過大なプレッシャーを現場にかけていきます。これに対して現場の側では、「どうせ最後につじつまを合わせればいいさ」と、やらされ感が蔓延し、しらけムードが広がります。本社も現場も呉越同舟で、同じ目標に向かって協力しあっている、という感じはまったくありません。

　支援と搾取の問題も起こります。現場から見ると本社の支援は頼りないのです。そのため、「本社は管理だけで支援がない。どうせ本社は何もしてくれない」とあきらめています。一方、本社はさめたもので、「きちんとした支援要請は来ていない」と開き直ります。これでは協力関係を築けません。

　どうやら、事業戦略を実行するうえでの真の問題は、本社と現場のせめぎ合いにあるようです。戦略を作る本社も大変ですが、その戦略を動かす現場はもっと大変です。本社は戦略を作って終わり、あとは現場の責任だなどと考えていたら大間違いです。戦略は実行されてはじめて価値があるのです。

　このように第2章の2では、事業戦略を実行するうえでの真の課題に迫ります。ここで示された課題が解消できなければ、目的は達成できません。続く第3章ではこれらの課題の解決策と、その方向性を示します。

第2章の2を受けて、メッセージを見直す

　このように第2章の2は、「目標に向けて戦略オプションを実行するには、本社と現場のすれ違いを解消することが必要である」という内容になりそうです。

　ここまでの基本の3章構成を整理すると、以下のようになります。

第1章　　　新中期経営計画の目標を達成するために、事業戦略を策定することが課題

第2章の1　バイオ支援事業の成長に向けて、3つの戦略オプションが有力

第2章の2　**本社と現場のギャップを解かなければ、どの戦略オプションも
　　　　　実行可能性が低い**

　第2章の2は、パターン①「数字で問題解決」の提案書が受け手への説得
力を持つために、非常に重要なセクションです。ここを書いた時点で、当初
の提案書のメッセージに修正が必要になることも多々あります。

　令バイオの場合も、ここで提案書のメッセージの修正が必要なようです。
当初のメッセージは、「バイオ支援事業は EC 販売の拡大によって売上高400
億円、すなわち3年間で40億円の売上増を達成する」というものでした。
それを「バイオ支援事業が3年間で40億円売上増を達成するためには、商
品の品揃えの充実化、商圏の拡大とネット販売への進出が打ち手である」と
変えてきました。

　しかしながら、戦略オプションをいくら精緻化しても、課題解決はできそ
うにありません。2章の2で考えた、本社と現場の根深いギャップを解消す
る必要があります。本社が考えた戦略を現場に押し付けたところで、その戦
略は実行されません。当然に成果は上がりませんし、目標実現には程遠いの
です。

図3-5　パターン①「数字で問題解決」の提案書

基本の3章構成

第1章　課題	経営上の課題は定義できる
第2章の1　理想	調査や分析から解決策が見えてきた
第2章の2　学び	そこには現場の実態との乖離があった
第3章　解決	現場が動けるよう血の通った解決策に進化させる

数字だけでは
現場は
動かない

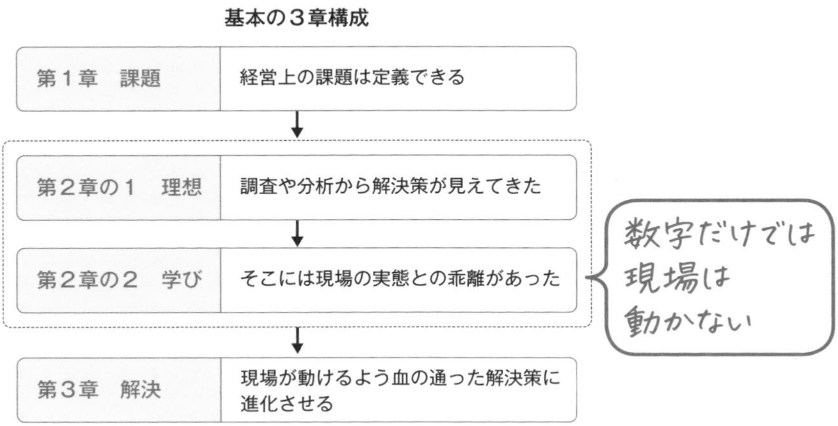

ですから、ここでのメッセージは、「バイオ支援事業が３年間で売上高40億円増を達成するためには、本社と現場がそれぞれの行動内容を合意することがカギである」となるでしょう。

　メッセージの仮説は基本の３章構成を組み立てる中で、いつでも柔軟に見直してかまいません。むしろ積極的に見直さなければいけません。相手に納得してもらえるストーリーを優先し、自分が当初考えたメッセージの仮説に固執せず、どんどん作り変えていくのです。それが、スルーされない提案書を手早く作るための重要なポイントになります。

　第２章の２を受けて、最後の第３章は、次のような内容になるだろうと考えられます。**「戦略を確実に実行するために、本社の活動と現場の活動を約束する」**

　具体的にどのように解決策を書くのか、見ていきましょう。

令バイオの「数字で問題解決」提案書

第3章（解決策）
本社と現場が合意すべきこと

　最後の第3章では、第2章の2で述べた本社と現場のギャップを解消するための方策に踏み込みます。「目標実現のためには、本社と現場が合意案を結ぶこと」といった内容です。

　第3章では、真の解決策を述べます。ここまで、第1章で事業戦略上の課題を定義し、第2章の1で理想的な戦略オプションを示しました。しかし現実には、理想の実現を阻むいくつかの障害があります。そのことを第2章の2で示し、その克服が真の課題だとしました。その解決方法を第3章のキースライドにまとめるのです。

行動計画へ落とし込む

図3-6　パターン① 「数字で問題解決」第3章のキースライド

目標実現に向けて本社と現場それぞれが取り組むことを握る　第3章

本社と現場の約束事（合意案）

	打ち手1 商品の品揃えを増やす	打ち手2 商圏を広げる	打ち手3 販売チャネルを増やす
経営 （本社／ 官僚組織）	・開発部門に対して、商品開発マスタースケジュールの具体化を要請する ・提携先との交渉プランを作って、交渉にあたる ・ブランドや他社の買収リストを精査する	・民間との顧客リレーションを現場と共有する ・買収対象となりうる販売会社のリストを準備する	・EC販売に精通した人材を営業部門へ送り込む ・EC販売への投資資金を低利で貸し出す
現場 （支店／ 実行部隊）	・顧客の商品ニーズを開発部門へ伝える	・営業人材の配置を見直す ・他社人材をスカウトする	・対人営業を効率化してEC投資のキャッシュを生み出す

出所：itte インタビュー

第3章のポイント

　図3-6は第3章のキースライドの一例です。メッセージは、「目標実現に向けて本社と現場それぞれが取り組むことを握る」とし、本社と現場の約束事を合意案にまとめました。要するに、本社と現場のせめぎ合いを解消するためには、両者が何らかの合意に達することが必要だと伝えます。本社がすべきことを述べ、現場がすべきことも述べる。戦略を作った本社がその実行まで支援することを約束するのです。

　よくよく考えてみれば、どの打ち手も本社の支援行動がなくては実現できません。そんな百も承知のことを合意書案にまとめるのは、本社の覚悟を示すためです。もちろん、現場の側も本社の覚悟に応えて、目標実現に邁進する決意が必要になります。

　商品の品揃えを増やすという打ち手1について、当然のごとく現場は「顧客の商品ニーズを開発部門へ伝える」ことになります。ですから、顧客ニーズを吸い上げる手法、その頻度、商品開発部隊への伝え方などを改善していくことになります。

　これに応えて本社では、開発部門に対して商品開発のマスタースケジュールの具体化を要求し、現場との共有を促します。また、提携先との交渉にもあたります。一挙に商品群を手に入れるために開発企業の買収にも取り組みます。

　商圏を広げるという打ち手2についても、本社と現場の役割を定めます。本社サイドでは、顧客リレーションを現場の担当者と共有します。また、販売会社の買収を狙って候補先リストを作り、有力な候補先との関係づくりや打診を始めることになります。

　一方現場では、関西圏から中部圏や首都圏への広がりに合わせて、営業人材の配置を見直します。また、新しい商圏においては、他社から営業人材を引き抜くことも必要になってくるでしょう。

　販売チャネルを増やすという打ち手3も同様です。これは特に、EC販売の育成と拡充を進めることが必要です。本社は、EC販売に精通した人材を営業部門へ送り込むことを約束します。またEC販売への投資資金を低利で貸し出すことも行います。

　　現場の側も、EC販売に資源を振り向ける必要があります。ですから、対人営業を効率化してEC投資のキャッシュを生み出すことを進めます。

　　基本の３章構成に沿って４枚のキースライドができれば、提案書の骨格が整ったことになります。この時点で、社長に提案内容を伝えることができるでしょう。

　あなたが伝えたいことを話してみて、反応を探ってみてください。きっと何らかの助言が得られるはずです。その助言をよく理解して、メッセージ、基本の３章構成、そして４枚のキースライドを見直します。このような途中段階での見直しはとても重要です。こうすることで、社長の期待とあなたの提案書の内容が寄り添ってきます。自分の提案書に拘泥してその修正を拒むのは、得策とは言えません。社長の期待に沿わない提案書は、けっして受け入れられませんから。

メッセージを最終的に見直す

　　ここまで、基本の３章構成に従って４つのポイントを定めてきました。課題を定義する第１章、理想の解決策を示す第２章の１、それから現実の壁を知って学びを得た第２章の２、そして目標を実現するための真の解決策を示した第３章。この４つのポイントです。

　　提案書のテーマは事業戦略で変わりありませんが、メッセージは初期の仮説から少しずつ変化してきました。ここであらためて、提案書のメッセージを考え直してみましょう。

　　第１章のポイントは、バイオ支援事業は３年後に売上高400億円（現状から40億円増）を達成することを約束した、というものです。

　　第２章の１のポイントは、理想的な３つの戦略（商品種類の増加、商圏の拡大、販売チャネルの進化）をとれば目標は実現できそうだ、となりました。

　　第２章の２のポイントは、いや、本社と現場のせめぎ合いを解消しなければ、いずれの戦略も実行できない、というものでした。

　　第３章のポイントは、本社と現場がそれぞれのアクションプランを約束すれば、戦略は実行され、目標に向けて進み出す、というメッセージになりま

した。

　この４つのポイントを熟考しながら、提案書のメッセージを再考すればよいのです。例えばこのようなメッセージが考えられます。「バイオ支援事業が３年後に売上高400億円を達成するための合理的な戦略はあるが、その戦略を実行するためには本社と現場の対立感情を解消するためのアクションプランに合意する必要がある」少し長いですが、こんな感じでメッセージ仮説を柔軟に進化させてください。

「数字で問題解決」問題のまとめ

　戦略をテーマとした提案書を書くとき、その戦略を実行する人のことを考えているかというと、思いのほか考えていないものです。そのため、世の中には立てただけで実行されない戦略が多くなっています。戦略の策定は魅力的な仕事ですが、その戦略を実行することはもっと重要な仕事なのです。

　多くの場合、戦略を策定する人と戦略を実行する人は別です。策定する人は本社にいて、官僚のような仕事ぶりです。一方で、戦略を着実に実行する人は現場で汗をかいています。本社の官僚は現場の実情をわかっていない、と言っていいでしょう。

「数字で問題解決」の提案書の場合、経営トップが抱えている課題は明確で、優れた経営トップの頭の中には、すでに解決策の仮説があります。経営トップの考えをきちんとヒアリングできさえすれば、課題を定義できるでしょう。ですから、第1章の課題のところは比較的書きやすいはずです。

　第2章の1での戦略の策定は、そのレベルにばらつきが出るところです。いまは経営学の理論や調査・分析の手法、優良企業の事例などが広く知られていますので、戦略を作ること自体はそれほど難しくないかもしれません。ヒアリングを行い、社会調査を実施してその結果を分析するというアプローチをとっても、何らかの戦略は策定できると考えられます。

　一方で、PART1の振り子理論（28ページ）のところで説明した、現在と正反対の世界、理想的な戦略、とがった施策、思いもつかないような戦略を作るとなると、人や組織によって差が出てきます。経験から言うと、社内の人材が作る戦略は、中庸でとがったところのない、落とし所を探るようなものが多くなります。一方で、しがらみのない外部の人材が作る戦略は大胆なものが多く、現在とは正反対の世界を描ける可能性が高まります。

第2章の2を大切にしよう

コンサルティング会社の中で、ボストン コンサルティング グループ（BCG）は戦略の策定力に定評のあるファームです。経験曲線やBCGマトリックス（成長率・市場占有率マトリックス）なども、BCGが生み出したコンセプトです。BCGのような専門組織が作る戦略は、ある意味では理想的な戦略と言えるかもしれません。

しかしながら、BCGのようなコンサルティング会社は、戦略を作るけれどもその実行には責任を持たないではないか、という批判があるのも事実です。たしかにそうです。かつて、提案書の中に「実行」という用語があったとき、「実行支援」に書き換えなさいと指摘されたことを記憶しています。

社内の本社にいる官僚は現場のことを理解していませんし、わかっていたとしても、納得しようとはしません。現場で活躍していた人材も、本社へ異動になると急に官僚のようになり、現場に対して偉そうに指示を出す姿をよく見ます。

それゆえに「数字で問題解決」の提案書で戦略を策定するときは、第2章の2の学び、悟りの部分が難しいのです。頭で考察した戦略と現場の実態とをつなぎ合わせることが、なかなかできないのです。この提案書での最大の難関は第2章の2です。

会社によって違いがあるものの、戦略が実行されない主因はその会社の中にあります。それを解き明かして示唆を得ることで、真の課題が見えてきます。戦略実行上の課題を解き明かし、それを解決に導くことがカギなのです。

第3章には真の課題を解決していくためのステップを記述しますが、本社と現場が腹落ちし、覚悟を決めて取り組める内容であることが重要です。

さらに充実した提案書のための章末付録

令バイオの「数字で問題解決」提案書
フルバージョン20枚の万能の筋書きを考える

コンサルタントが作る充実した提案書のページ数は、表紙と目次、裏表紙を除いて、スライドの枚数で20ページほどあるのが普通です。その内訳は、第1章が5ページ、第2章の1が5ページ、第2章の2が5ページ、第3章が5ページです。とはいえ、第2章の1、つまり理想の解決策を提示するところの分量が多くなりがちです。たしかに、ここは最も労力を要する所ですが、真の解決策ではないので5ページに抑えます。ここで使う多くの調査・分析資料は、補足資料にまわします。

以下、章を追って提案書の筋書きを考えてみましょう。

図3-7　パターン①「数字で問題解決」の提案書

さらに充実した提案書のための万能の筋書き

万能の筋書き	おおよそのページ数
① ポジショニング論に関する戦略の策定がテーマ	(1)
② 大課題を分解して明らかでないことを導き出す	(2〜4)
③ これから解決すべき課題を体系化する	(5)
④ 定量的分析による解決策の策定を行う	(6〜10)
⑤ 市場調査や聞き取り調査、社会調査を実施する	(6〜9)
⑥ 戦略オプションを提示して、論理的に選択する	(10)
⑦ 論理的に策定した解決策をテストしてみる	(11〜14)
⑧ 現実の世界では通用しないことが判明する	(14)
⑨ 論理的な解決策のみでは現場は動かないとわかる	(15)
⑩ 血の通った解決策へ作り直す	(16)
⑪ 経営と現場双方の行動プランを同意する	(16〜19)
⑫ 課題が解決され目標が達成された世界を共有する	(20)

第1章は、この提案書で扱う経営課題を定義するところです。最初に、提案書のテーマが、令バイオのバイオ支援事業の事業戦略を作ることであると提示します（P.1）。提案の目的やバイオ支援事業の背景などを併せて書いてもよいでしょう。

　次に、事業戦略そのものの課題や、それを策定するうえでの課題を述べます（P.2〜P.5）。令バイオのように、3つの事業領域に分けて課題を整理することもできます。あるいは、過去の事業戦略の成功事例や失敗事例を示したり、そこから得られた知見を提示してもよいでしょう。

　第1章の最後には、この提案書で扱う課題を整理します（P.5）。令バイオでは、バイオ支援事業に絞って戦略を練ることを宣言し、その売上目標を達成するための打ち手を考えることが課題であると述べています。

　第2章の1は、調査や分析などから得られた解決策を提示するところです。市場データの分析結果を整理し、ヒアリングから得られた示唆をまとめ、社会調査の結果を提示します（P.6〜P.10）。冒頭で分析のアプローチを示すこともあります（P.6）。ここは提案書の中で最も労力を要するところで、戦略策定の心臓部と言えます。

　ここでは事業戦略オプションを提示することが何より重要です。できれば3つほどの戦略オプションを示したいところです。戦略の内容を示して、それを実行した場合の効果を見せます。効果の算出に際しては、シナリオ分析（いくつかの異なる条件の下でそれぞれの戦略の効果を分析すること。楽観シナリオ、中間シナリオ、悲観シナリオと、3つ程度の条件を設定することが多い）を行うこともあり、効果をある程度の幅で示します。いずれにしろ戦略オプションの内容を簡潔にまとめます（P.6〜P.9）。

　第2章の1の最後は、理想的な解決策をまとめればよいでしょう（P.10）。令バイオのように3つの戦略オプションがあるなら、その違いを比較できる内容にすることが必要です。社長が一読して理解できれば申し分ありません。

　第2章の2は学びを語るところです。第2章の1で示した事業戦略は、机上で作った戦略であり、現場の実情と乖離があるために、多くの場合は実行

されません。その乖離を埋めるために、現場での深いヒアリングで担当者の本心を聞き出したり、市場でテストマーケティングを行ったりすることが、ここでは必要になります。そうすることで戦略実行上の課題が見えてきます（P.11〜 P.14）。

そして、理想的な戦略が直面する現実の問題を突き付け（P.14）、それから得られた教訓を語ればよいでしょう（P.15）。ここでは何らかの発見があります。これまで気づかなかったことかもしれませんし、気づいてはいたけれど認識が甘かったことかもしれません。それを整理すれば、戦略を実行するために必要な真の課題が浮かび上がってきます。

最後の第3章は、本当の解決策を示すところです。どれほど精緻な分析を行っても、戦略を十分に考察しても、ほぼ確実に実行できない、実行を阻む障壁が高いという現実に直面します。第3章では、この問題を解決するための取り組みが書かれます（P.16〜 P.19）。

最初のページには、真の解決へのアプローチやスケジュール、態勢などを示します（P.16）。それに続けて、それぞれの取り組み内容を記述していきます（P.16〜 P.19）。

そして最後のページに、血の通った解決策が示されればよいでしょう（P.20）。令バイオでは、現場の実情に合った解決策に進化させ、本社も全面的に現場の活動を支えることを宣言し、その内容を合意案として整理しました（P.20）。

このように提案書の全体を通して、その筋書きを追ってみました。こうすることで、20ページの提案書のそれぞれのページに何を書いたらよいのかが明らかになります。1枚1枚のスライドの内容が見えてくるのです。

事業戦略というテーマの下で、提案全体のメッセージを少しずつ進化させ、それぞれのセクションでのポイントを具体化し、20ページの提案書に作り上げる作業が進むことになります。

PART 4

パターン②
「他社マネの限界」提案書の
書き方

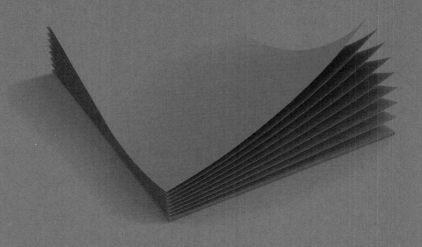

良くなったなんて思ったら改善は止まってしまう。必要なのは改善をした今
が一番悪いのだ、今が一番悪いのだという気持ちで現場を見ることです。
改善とは良くなることじゃ無い。改善とは変えることなり、だ。

（大野耐一）

令バイオの「他社マネの限界」提案書

お客さまの評価が
分かれてきたのはなぜなのか?

順調な業績の陰に現れた不安材料

20XX 年7月のある日、バイオ支援事業の責任者である取締役事業部長は、自分のデスクで報告資料に目を通していました。それは、令バイオの主だった取引先からの通信簿です。彼はお客さまからの評価とコメントを読んでいたところでした。

3年ほど前から令バイオは毎年、全社的に顧客調査を行うようにしています。格好よく言えば、お客さまの声を経営に生かすためです。調査は事業部門の営業担当者が自ら行うのではなく、本社の調査・分析の専門家が取引先に出向き、調査票の配布と回収を行います。加えて、令バイオの営業担当者と接点のある顧客へのヒアリングも行います。

令バイオの営業力は業界内でも一目置かれていると、事業部長は自負していました。顧客の評価点数も、5点満点で4.4点に近い数字をいつももらっています。この調査を始めてから、総合評価の点数は落ちていません。本社スタッフが行ったヒアリングでも、顧客からもらうコメントは概ね好意的なものでした。

それでも時折、厳しいコメントとともに、競合会社のほうが高く評価されることもあったりしました。そうした報告書があると事業部長は、どうしてだろう、と思案に暮れます。この3年間で、令バイオの営業活動は何かを変えてきたのでしょうか。売上げは伸びていますし、顧客評価の点数も相変わらず高得点を維持しています。営業担当者の士気も高く、落ち込んでいるような様子は見えません。

変わったことといえば、若い営業担当者を増やしてきました。業績の拡大に合わせて新卒採用を増やしたからです。それが何か影響しているのでしょうか。

　バイオ分野の技術進歩は目ざましく、顧客の研究領域の先端化に合わせて、令バイオも取り扱う商品領域を広げてきました。それに伴って、取引先は本社のある関西圏から、中部圏や首都圏へと広がってきています。バイオの先端分野での研究を行っている公的な研究所や、国公立大学の研究室との取引も増えてきました。

　令バイオがこれからも一目置かれるような営業組織を維持していくためには、小さな変化を見逃さずに、適切な改善活動を行っていく必要がある、と事業部長は認識しています。

テーマは業務改善

　いま、令バイオのバイオ支援事業が直面している課題は、営業活動の改善です。顧客からは概ね良い評価を得ていますが、一部に良くない評価も散見される状況です。平均値で見れば大きな問題は見当たらないのですが、異常値として低評価が混在しているのです。

　言うまでもなく、業務改善は一時的な活動ではなく、地道で継続的な活動です。小さな変化に気づき、それが目に見える問題となる前に原因を取り除いていく。それを日々の業務の中で当然のように行えれば、申し分ありません。しかも、その効果は絶大です。業務改善は当たり前のことですが、とても価値のある活動なのです。

　トヨタ自動車のカイゼン活動はあまりにも有名です。ジャスト・イン・タイムを原則として、現在では工場での生産活動だけでなく、組織のさまざまな活動の中で応用されています。もちろん、営業活動でも適用可能でしょう。

　業務を改善するとき、他社の事例を参考にすることを、ベンチマークと言います。令バイオも、同業他社の営業活動から学べることがあるでしょう。特に、顧客の評価が高い他社の営業担当者の行動を観察することは有効です。

　業務改善を行う際は、業務の流れを詳細に把握します。そのため業務フローを図式化することもよく行われます。そのうえで、一連の業務の中に埋め込まれている仕組み、その業務を動かしている組織、そして業務に従って活動している人材に着目します。令バイオも仕組みや組織、人材に注目しながら、業務フローの分析を行うことにしました。

令バイオの「他社マネの限界」提案書
カイゼン提案の焦点をどこに定めるか？

提案書を書く前の情報収集で課題設定の精度が上がる

　バイオ支援事業の責任者が営業部隊の業務改善の必要性に気づいたとき、問題は営業担当者の能力（ケイパビリティ）にあると考えていました。そのため、新しい先端商品に対する知識を深め、新しい顧客との関係性を強めれば、問題は解決できるとの仮説を持っていました。どちらも営業担当者が身につけるべき能力です。

　たしかにここ数年、令バイオは新商品を相次いで投入してきました。また、先端研究を行っている研究所や、大学の研究室への営業活動を増やしていました。営業マネジャーに話を聞くと、新しい顧客へは比較的若い営業担当者を割り当てているとのことでした。

　ですから、営業担当者の商品知識を高め、顧客への説明力がつけば、おのずと顧客とのリレーションも強化され、営業改善の効果が出てくるはずです。また、競合他社の営業マネジャークラス人材の中途採用も並行して進めていました。

　この時点で考えられた仮説は、「新しい顧客から良い評価を得るためには、営業担当者の商品知識と顧客対応力を高めればよい」というものです。バイオ支援事業の責任者はやや疑問を感じながらも了解し、この仮説に沿って業務改善を進めることになりました。

　営業組織における業務改善チームのメンバーになったあなたは、さっそく提案書の作成にとりかかることにしました。少し不安を覚えながら。

　業務改善チームのスタッフの大半は、営業担当者のケイパビリティ、特に若手の営業担当者のそれに問題がありそうだと考えていました。みんな「新しい顧客の評価を得るためには、営業担当者の商品知識と顧客対応力を高め

ればよい」という仮説に同意していたのです。

　ただ、バイオ支援事業の責任者が感じている疑問には、自分も引っかかるところがあります。それは、問題はそんなに単純なのかな、課題設定は正しいのかな、真の問題に迫れているのかな、という疑問です。

　こういうときは、どうすればよいでしょうか。そうです、自分で確認すればよいのです。そこで原点に戻って、本社が調査・分析した報告書にあらためて目を通しました。そして評価が低いと思われるコメントを出した取引先の担当者に、直接会って話を聞くことにしたのです。

　問題の真因に近づくためには、一次情報、情報の出所に立ち返ることが肝心です。たいていの営業担当者は顧客の声を美化し、自分に都合よく解釈します。良くない話には触れないようにするものです。

　本社にいる調査・分析の専門家がどのようなヒアリングを行って、顧客の声を聞き出したのかはわかりません。一応、ヒアリングの手続きは決まっていますが、個々の能力によって、どの程度深いことを聞き出せるのかは異なります。場合によっては、報告書をまとめる段階で何らかのバイアスがかかっているかもしれません。

　さて、顧客のもとに出向いたことで、大きな発見がありました。その顧客が懇意にしている競合の営業担当者は、たしかに高い評価を得ていました。しかし、令バイオの営業担当者への評価も、それほど低くはないのです。能力面ではいい勝負だと言われました。

　指摘された問題は、顧客の社内手続きや、顧客の長年の慣習への理解度でした。この点が令バイオの営業担当者には欠けていたのです。例えば、顧客は単年度予算主義で、年度をまたがって予算の持ち越しができません。また、面倒な書面手続きは後回しで、先に商品を納めるやり方が通例になっていました。そうしたことへの対応力が、令バイオの営業担当者が足りず、顧客のクレームにつながっていたのです。

**　提案書を書く段階で疑問が生じたら、少しだけ時間を使って情報源にあたってみることです。そうするだけで、提案書の品質は格段に上がります。**

令バイオの「他社マネの限界」提案書
提案書の大きな流れを考える

　提案書を書き始める前に情報収集をしたおかげで、あなたは1歩も2歩も真の問題に近づくことができました。課題が修正されたので、提案書のメッセージも書き換えが必要です。

　当初の仮説は、「新しい顧客から良い評価を得るためには、営業担当者の商品知識と顧客対応力を高めればよい」というものでした。しかし、この仮説では課題を正しく定義できません。このままでは、せっかく業務改善を進めても、正しい問題解決につながりそうにありません。

　顧客の本当の要望は、顧客の社内手続きや社内慣習を理解したうえで折衝してほしいということです。この問題を解決するには、営業組織の取り組みだけでは済みそうにありません。営業の後方支援業務を行う組織にも、業務改善の協力を求める必要があります。

　そこで、**進化した仮説は、「新しい顧客との取引を拡大するためには、営業組織の業務改善に加えて、営業を支える後方支援業務の改善も行う必要がある」**としました。具体的には、**営業支援事務や経理事務、システムなどのバックオフィス業務の見直しが伴う**と想定したのです。

　提案書のメッセージが進化したところで、提案書の骨格を組み立ててみましょう。**第1章では、新しい顧客セグメントで令バイオの営業活動の評価が芳しくない事例があることを語ります。**その背景として、経験の浅い営業担当者が増えてきたこと、先端の商品群を取り扱うようになったこと、新しい営業エリアや営業先の顧客が増えてきたこと等を付記します。

　第2章の1では、新しい顧客セグメントで評価されている競合他社をベンチマークする、という解決策が示せます。ここで示すのは理想的な解決策です。外部から学ぶことは、けっして悪いことではありません。ただし、外部から得た知見を生かせるかどうか、社内に定着させられるかどうかに知恵を絞る必要があります。

　第２章の２では業務改善の核心に迫ります。ここでは、提案書を書き始める前のちょっとした準備が生きてきます。顧客に直接ヒアリングしたことで、今回の業務改善では、営業の業務改善とバックオフィスの業務改善を併せて進めることが成功に不可欠だとわかりました。それには、営業とバックオフィスの両方の業務フローが一貫して流れるよう、組織を設計し直す必要があります。それが大切な気づき、学びです。

　第３章では、会社全体の業務フローの中での改善点やその方向性を示します。つまり、販売やマーケティングの業務に加えて、営業への支援業務や経理業務、出荷物流システムなどを巻き込んで業務改善を進めることを明記します。業務分析においては、部門間のつなぎの部分の取り決めが何より重要だからです。

基本の３章構成に従って伝えたいことを書き出す

　ここでは基本の３章構成に従って、提案書で伝えたいメッセージの大枠をつかんでみましょう。概ね次のようなメッセージになりそうです。

　「新しい顧客との取引を拡大するためには、営業組織の業務改善に加えて、

図4-1 パターン②「他社マネの限界」の提案書

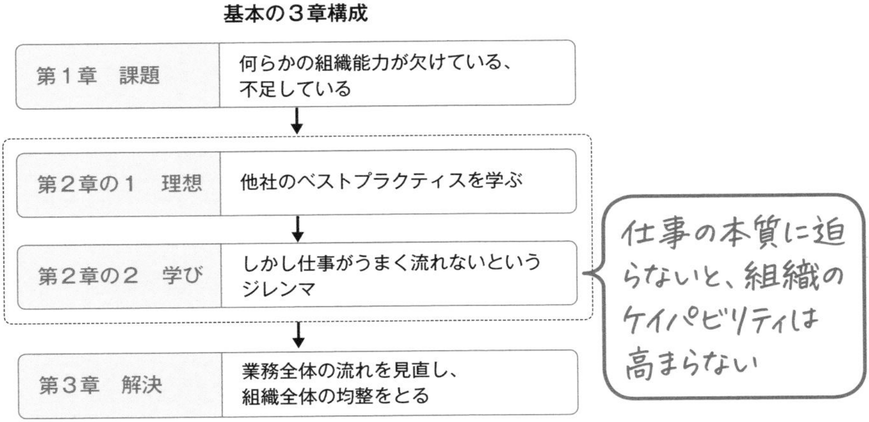

基本の３章構成

第１章　課題	何らかの組織能力が欠けている、不足している

第２章の１　理想	他社のベストプラクティスを学ぶ
第２章の２　学び	しかし仕事がうまく流れないというジレンマ

仕事の本質に迫らないと、組織のケイパビリティは高まらない

第３章　解決	業務全体の流れを見直し、組織全体の均整をとる

営業を支える後方支援業務の改善も行う必要がある」

　次に、基本の３章構成の中で４つのポイントを書き出してみます。すると、提案書の新しいメッセージは、ほぼよさそうだとわかりました。

SECTION
27

令バイオの「他社マネの限界」提案書
第1章（課題）
評価が低くなってしまったのはなぜか？

　それでは、提案書を構成するキースライドを書いてみましょう。提案書には4つのポイントがありますから、それぞれに1枚のキースライドを作ります。

　第1章は課題の定義です。顧客の声を調査・分析したところ、営業活動に改善すべき点がありそうだと気づきました。そのことを順序立てて記述します。

図4-2 パターン②「他社マネの限界」第1章のキースライド

バイオ支援事業の拡大に伴って営業活動の課題が見えてきた　第1章
営業活動の業務改善が必要か

- これまで当社の営業力は業界の中でも一目置かれていた。ところが近年、一部の顧客からは厳しい声も聞かれるようになってきた。競合他社の営業活動がより高い評価を得る事例が出てきた。
- 当社はこれまで、バイオ分野での研究領域にフォーカスして、材料や試薬、検査装置や実験用機器などを提供してきた。主な顧客は民間の研究所や大学の研究室であり、これらの顧客からは厚く信頼されている。
- ここ数年、当社は商品群の拡大に努め、他社ブランドの買収や販売権の取得を行い、分子生物学や細胞生物学、iPS細胞や幹細胞などの研究分野へも手を広げてきた。これらの研究領域では、先端研究を行う公的な研究所、先進的な一部の国公立大学の研究室や先端病院などが取引先となる。
- これらの新しい取引先では、競合B社の営業活動が評価されていた。B社の営業担当者はそれぞれの顧客の個別事情に精通し、しかも一人ひとりの研究者や医師の要望にきめ細かく応えているようだった。
- さらに近年、当社は関西圏から中部圏、首都圏へ商圏を広げてきた。それに伴い、営業担当者の採用にも力を入れて、新卒での採用人数も増やしてきた。
- このような事情が重なって、当社の営業活動に対する顧客の評価が低くなるケースが出てきたと考えられる。いまこの時点で、営業活動の改善に取り組む必要がありそうだ。

出所：itteインタビュー

例えば、3C（顧客・競合・自社）の視点で事実を書き留める

ここでは、修正した課題とメッセージを、箇条書きに近いスタイルで整理してまとめています。

　同じメッセージを伝えるにしても、スライドの書き方は何通りもあります。グラフ化したり、チャートで書いたりすることが多いかもしれません。ここでは文章で記述する例を示してあります。文章であっても、立派なスライドになる書き方の一例です。

令バイオの「他社マネの限界」提案書
第2章の1（理想）　他社の ベスト・プラクティスを取り入れる

　提案書の第2章は考察で、その前半の第2章の1では理想的な業務改善を記述します。他社のベスト・プラクティスをベンチマークして、そのエッセンスを自社の業務に取り入れます。ただし、自社に定着させるためには、適切なアレンジが必要になります。

　　令バイオでは競合から、リーダークラスの営業人材をスカウトする活動を進めていました。この提案では、その人材スカウトの活動を取り入れま

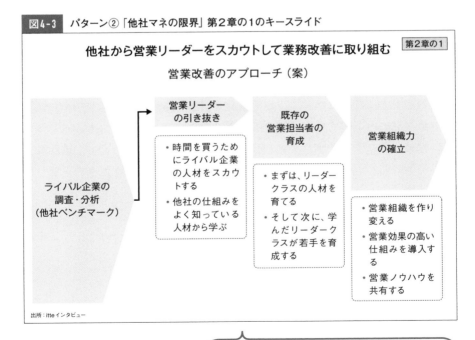

図4-3　パターン②「他社マネの限界」第2章の1のキースライド

他社から営業リーダーをスカウトして業務改善に取り組む 〔第2章の1〕

営業改善のアプローチ（案）

ライバル企業の
調査・分析
（他社ベンチマーク）

営業リーダー
の引き抜き
• 時間を買うため
にライバル企業
の人材をスカウ
トする
• 他社の仕組みを
よく知っている
人材から学ぶ

既存の
営業担当者の
育成
• まずは、リーダー
クラスの人材を
育てる
• そして次に、学
んだリーダーク
ラスが若手を育
成する

営業組織力
の確立
• 営業組織を作り
変える
• 営業効果の高い
仕組みを導入す
る
• 営業ノウハウを
共有する

出所：itte インタビュー

理想的なステップではあるが……

す。他社を観察したり、インタビューを行ったりするだけでは、なかなか他社の活動実態はつかめません。しかし他社のリーダークラスの人材を採用すれば、その営業ノウハウを確実に取得できるでしょう。もちろん採用する人材によりますが。

　ここで作成するスライドでは、時間軸に沿って4つのステップで、営業改善を行うことを提案します。

　最初のステップでは、ライバル企業の営業活動について調査・分析を行います。いわゆる他社ベンチマークです。

　次のステップでは、うまくいけば他社の営業リーダーの引き抜きができます。この狙いは、他社の仕組みを熟知している人材から営業ノウハウを吸収することです。これによって時間を買うことができます。より早く営業改善にとりかかることができるのです。

　3つめのステップは、営業担当者の育成です。まずはリーダークラスの人材を育てて組織力に厚みをつけます。そのリーダークラスには、自分のチームに配属される若手人材の育成を任せます。教わったことを教えることを通じて、知識やノウハウの定着を図る狙いです。

　4つめのステップは、営業組織全体のケイパビリティを高めることを目的とします。これには営業組織の改編が伴うかもしれません。また、営業効果が高いと判断された仕組みは組織への定着化が図られます。ベテランの営業ノウハウを若手と共有する仕掛けも必要でしょう。逆に、若手営業担当者の新しい発想を引き出して、ベテランの営業担当者がその発想を取り込んでいくことも大切です。

　とても標準的な方策ですが、第2章の1では理想的な解決方法を記載することがポイントになります。

令バイオの「他社マネの限界」提案書

第2章の2（学び）　営業それ自体の カイゼンだけではうまくいかない

　第2章の2のポイントは**学び**です。ここでの学びは、**営業の業務改善はその部門単独では実現できず、営業の後方支援業務の改善も伴うということでした。**しかも、営業活動の成果につながるように、後方支援業務を変えなければ意味がありません。つまり、**営業の仕事と後方支援の仕事が均整し、滞りなく業務が流れるように業務を設計する必要があります。**

　図は第2章の2のキースライドの例です。
　新しい顧客セグメントの令バイオに対するニーズは、その顧客の社内ルールや長年の慣習に合った取引をすることです。見積書や納品書、請求

図4-4　パターン② 「他社マネの限界」第2章の2のキースライド

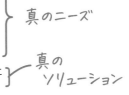

営業業務だけでなく後方支援業務の見直しも必要である　第2章の2

真のニーズと真のソリューションの気づき（仮説）

1　一般的な民間企業とは異なり、特定の公的機関では暗黙的な
　　社内慣習に従うことが取引条件、取引のコツであった
　　・文書書式　：見積書、納品書、請求書などの書式が指定されている
　　・納入手順　：急ぎ納品しないと間に合わないことが多い
　　　　　　　　：書面の手続きは後回しにする
　　・年度予算　：単年度予算で持ち越しできない
　　　　　　　　：年度末で予算が余るときは、来年度分の購入に充てる
　　　　　　　　　　　　　　　　　　　　　　　　　　　　　真のニーズ

2　営業業務では、顧客の社内手続きを把握して、予算の使い方に
　　合わせた柔軟な提案が必要であった
　　　　　　　　　　　　　　　　　　　　　　　　　　　真の
　　　　　　　　　　　　　　　　　　　　　　　　　ソリューション

3　そのため営業活動に合うように、後方支援業務の見直しが必須であった
　　・営業支援業務
　　・経理業務
　　・システム　など
　　　　　　　　　　　　　　　　　　　　　　　　　　真の課題

4　営業活動の価値向上や効率向上は業務全体のバランスに影響する
　　・業務全体の均整をとる

出所：itte インタビュー

書などの書式を顧客のルールにそろえることが求められています。また書類手続きは後回しにして、まずは納品してほしいというニーズもあります。予算は単年度予算で次年度には持ち越せないため、予算が余れば次年度分の資材や機器の購入に充てます。このような年度をまたがる提案も希望しています。

　こうした顧客のニーズに応えるためには、営業部門の改善だけでは不十分です。営業支援を行っている部門、経理部門の改善、帳票などの変更も必要で、システムの改修も伴うことでしょう。

　ですから、営業改善だと思っていた課題が、実はそれにとどまらず、営業改善とバックオフィス業務の改善がともに必要だということがわかりました。この点が第2章の2の学びの部分になります。

令バイオの「他社マネの限界」提案書
第3章（解決策）　業務全体の流れを見直し、バランスを整える

　企業活動は大きく、主活動と支援活動に分けることができます。主活動は直接的に付加価値を生んでいる活動のことで、営業活動も主活動といえます。支援活動とは、それ自体は価値を生まないものの、主活動を支えるために必要な活動のことです。一般的に、企業の主活動には25〜30％の労働力が割かれ、支援活動には残りの70〜75％が投じられています。意外かもしれませんが、主活動の部分は小さく、全体の4分の1程度しかないのです。

　第3章のポイントは、新しい顧客セグメントでの営業評価を高めることを目標として、全社での改善活動の進め方を記述することです。実際には提案の段階で詳細な業務フローを描くことは少ないかもしれませんが、業務改善

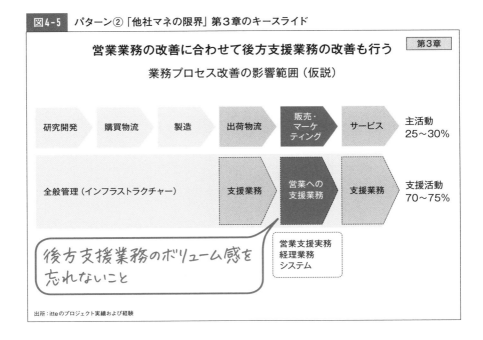

図4-5　パターン②「他社マネの限界」第3章のキースライド

出所：itteのプロジェクト実績および経験

活動をイメージできる提案内容にしたいものです。

　図はキーとなるスライドの例です。

　有名なバリューチェーンのチャートを活用して描いてあります。全社の業務フローの中で、販売とマーケティングのプロセスが主たる改善領域であり、それに加えて、営業への支援業務のプロセスも改善領域に含まれます。これは一般的にバックオフィス業務と呼ばれるもので、営業支援業務や経理業務、業務を支える基幹システムなどが対象になります。

　実際の業務改善は、この第3章の指針に従って進められていきます。

「他社マネの限界」問題のまとめ

　パターン②の「他社マネの限界」問題は、組織のケイパビリティに関するテーマを扱うときに活用します。マーケティング部門や営業部門などの組織全体のケイパビリティを向上させたい、業務活動を担っている前線の社員一人ひとりの実力を上げたい、あるいは財務・経理や法務、人事などの間接部門の能力を高めたい、というような課題に直面したときに適用します。

　事業が成功するカギは、オペレーショナル・エクセレンス（企業の業務品質が高く、効率も良く、他社がまねできない優位性を持ち、継続的に業務を進化させていることを指す）にあることはよく知られています。しかし、それを実現することはなかなか困難で、トヨタ自動車のカイゼンのように実現できている企業は、それほど多くないのが現状でしょう。

　部分的な業務改善であっても、企業全体の業務フローに影響します。ある特定の業務プロセスが効率化されても、前後のプロセスに滞留があれば、企業全体としての効率性は高まりません。ですから、業務全体の均整がとれた改善が肝心なのです。

　それゆえ、**業務改善をテーマにした課題に対しては、一部の業務を変えると全体に影響が及ぶ**、ということを知っているだけでも提案書の品質が上がります。**部門間のつなぎの部分で問題が起こることが多い**、ということも覚えておきましょう。いずれにせよ、**業務全体への目配りが必要だということ**です。

　コンサルティング会社の中では、マッキンゼーが組織ケイパビリティの問題に強いと言われています。かつての事業部制への取り組み、7Sモデルに示される組織ケイパビリティは、マッキンゼーが得意としていた領域です。知人のマッキンゼー出身者も、業務プロセスやフロー図をよくノートに書いて考えていると言っていました。おそらくプロセス思考に長けているのでしょう。

有能な経営トップや経営幹部は、この施策を実行したら会社のどの部門の誰にどんな影響が出るのか、ということが見えています。改善の影響範囲は部分にとどまらず全体に及ぶので、常に企業全体の一貫性や整合性に目配せすることが必要なのです。ここのところが最も重要なポイントです。

さらに充実した提案書のための章末付録

令バイオの「他社マネの限界」提案書
フルバージョン20枚の万能の筋書きを考える

　パターン②の最後に、コンサルタントが用いるスライドにして20枚ほどになるフルバージョンの提案書を考えてみましょう。その万能の筋書きは**図4-6**のようになります。

　それぞれの章を追って、提案書の筋書きを解説します。**第1章は、この提案書で扱う課題を示すところです。**そこで冒頭では、提案書の課題が営業活動の成果を高めるための業務改善であることを述べます（P.1）。

　次に、その業務改善において問題の当たりをつけているところ、バリューチェーンの中での改善ポイントと思われることを記述していきます（P.2〜

図4-6　パターン②「他社マネの限界」の提案書

さらに充実した提案書のための万能の筋書き

万能の筋書き	おおよそのページ数
① 業務改善や組織能力などケイパビリティ論がテーマ	（1）
② バリューチェーンの中での課題点を見つけ出す	（2〜5）
③ 業務上の改善ポイントをまとめる	（5）
④ 他社事例を研究して、自社に取り入れてみる	（6〜10）
⑤ どの会社のどの仕組みが有効かを分析する	（6〜9）
⑥ 自社の改善されたプロセスを描く	（10）
⑦ 改善されたプロセスが流れないという現実	（11〜14）
⑧ 改善部分がその前後のプロセスと整合しないから	（14）
⑨ 部分的な改善は業務全体の均整に影響する	（15）
⑩ プロセスの部分的改善だけでなく全体を見直す	（16）
⑪ 前後の部門を巻き込んで業務改善に取り組む	（17〜19）
⑫ ボトルネックなくプロセスを整流させる	（20）

P. 5)。

　令バイオの例では、商品群が増えて先端技術にかかわる知識が必要になっ
てきたこと、新しい顧客セグメントが増えてきたこと、営業エリアが拡大し
てきたこと、また新たに採用した営業担当者の経験値が足りていないことな
どを記述します。これらのポイントが現時点での仮説だからです。場合に
よっては、改善仮説のまとめを記述してもよいでしょう（P. 5）。

　第2章の1では業務改善のアプローチを示します（P. 6～P. 10）。令バイオ
は評価の高い競合をベンチマークし、その会社から営業リーダーの引き抜き
も考えているのですから、ここには他社ベンチマークから得られたことや、
スカウトする営業リーダーに求めることなどが記述されるでしょう（P. 6～
P. 9）。そして最後に、営業改善のアプローチをまとめます（P. 10）。

　第2章の2は学び、気づきを語るところです。部下や同僚から話を聞いた
り、調査・分析の報告書を読んだりするだけでなく、その一次情報に自らア
クセスすることで示唆が得られます。令バイオでは新しい顧客セグメントの
顧客に直接ヒアリングしたので、顧客の不満を洞察して、現実から得られた
真の課題に迫っていきます。

　まず、営業担当者が現実に対応できていない顧客のニーズを語り、それを
解決するために必要な対策を述べます（P. 11～P. 14）。そのうえで、今回の問
題を解決するためには、営業業務に加えて営業支援業務の改善も必要である
こと、また業務が滞りなく流れるように全体の均整をとることが重要である
とまとめます（P. 15）。

　第3章では、業務プロセス改善への取り組みの全体像を見せます。最初の
ページでは、業務改善プロジェクトのスケジュールや推進態勢を示すのが一
般的です（P. 16）。それを受けて、営業部門が取り組んでいく作業の内容、
ほかの関連部門が取り組む内容などをできるだけ具体的に書いていきます
（P. 17～P. 19）。改善すべきポイントとその改善内容をまとめることができれ
ば申し分ありません（P. 20）。

　業務改善のためのフルバージョンの提案書の筋書きを追ってみました。提案書のそれぞれのページに何を書けばよいのかがわかり、1枚1枚のスライドの内容がイメージできれば大丈夫です。

PART 5

パターン③
「予期せぬ出来事」提案書の
書き方

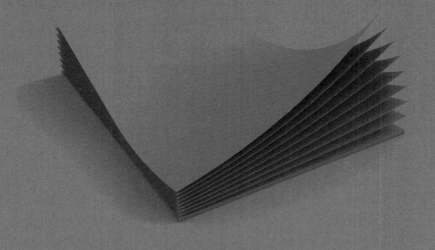

　成功するためには、成功するまで続けることである。途中であきらめて、や
めてしまえば、それで失敗である。だから、いくら問題が起こってきても、次々
と工夫を凝らしてそれを解決していけばよいのである。それを、くじけること
なくくり返していく。決してあきらめない。成功するまで続けていく。そうす
れば、やがて必ず成功するわけである。

（松下幸之助）

令バイオの「予期せぬ出来事」提案書
新しい事業を育てたい、
しかし難しいときの提案書をどうする?

そもそも新規事業は難しい

　新規事業を育てることは、人を育てることに通じる。令バイオの社長は常々、そう考えています。新規事業開発はやりきらないと、人材開発も中途半端に終わってしまうな、とこれまでの経験から感じていました。

　20XX年7月のある週、月曜日の早朝に令バイオの社長は、機能性食品事業の責任者と短い打ち合わせを行っていました。テーマは、新製品と新サービスの開発。そのために新規事業開発チームを編成することになっており、社長の関心事はチームの人選にありました。

　これまで令バイオでは、既存の事業を推進することも、新規の事業を開発することも、ほぼ同じオペレーションで行われていました。通常の組織体制の指揮命令系統に従って仕事が進められていたのです。簡単に言えば、若手の発案を古参の管理職が評価して、その可否を判断するというものでした。

　社長が発信する「新規事業を開発せよ」という指示は、中間管理職のところで都合よく翻訳されてしまいます。意欲的な中間管理職は新規事業の意義を理解し、その発掘に努めます。しかし、そうでない中間管理職は新規事業に背を向けます。そもそも新規事業が何たるか、その意義を理解していませんし、よくわからないからやりたくないのです。

　志高く入社してきた若手社員も、組織の中で飼いならされて3年もすると、その高い志が変わってしまいます。挑戦心を持ち続ける人は少数で、多くは中堅になる頃には、リスクを避けるという理屈でチャレンジ精神まで失くしてしまうようです。

　社長は機能性食品事業の責任者に、情熱があって忍耐力の強い社員を選んで、新規事業開発チームを編成してほしいという指示を出していました。そして、責任者が持ってきた候補者リストに基づいて、社長と責任者は5名を選び出しました。1人のリーダーと4人の若手社員です。

　その日の午後にさっそく、5名の新規事業開発チームはキックオフ・ミーティングを行いました。今年の12月までに何らかの新規事業を立案し、行動プランを作る必要があります。社長への報告は一月に一度、12月末が最終の報告会になり、その場で提案された新規事業案の推進の可否が決まります。

テーマは新規事業開発

　現在の令バイオは、ライフサイエンス（生命科学。生物学を中心に化学、物理学、医学、農学、工学などから生命現象を研究する科学技術分野）にかかわる技術力に定評があります。令バイオ起業の源流はバイオテクノロジー（生物工学。生物学の知見に基づく技術の総称）にあります。

　令バイオの主力事業であるバイオ支援事業は、バイオテクノロジーを基礎にして顧客の研究開発を支援することを目的にしています。これまで、バイオテクノロジーに磨きをかける中で、BtoC事業（一般消費者向けビジネス）として、いわゆる健康関連の食品素材の販売も手がけてきました。

　機能性食品事業部門の売上高は、ピーク時には50億円ほどありましたが、昨年度は30億円程度となっています。その理由はBtoC事業の業績が悪化したからではなく、食品事業の一部を販売力のある他社へ売却したからです。その意味でも、新規事業の開発は速やかに着手すべき課題でした。

　さて、令バイオの歴史が示すように、もともとは新規事業として立ち上がってきた機能性食品事業です。ですから新規事業開発の能力がまったくないわけではありません。しかしながら、企業規模が拡大する中で、その能力が少しずつ蝕まれてきたのも事実です。

他社が欲しがるような事業を育てられたことは、令バイオに新規事業開発の能力があることを証明しています。想像するに、その成功の裏には数多くの失敗があったことでしょう。これまでに、社長までは上申されなかった企画案、どこかのライン長の所で却下された新商品案、稟議は通したものの事業化の芽が出ずに中止に至った企画、はたまた機能性食品事業の責任者すら知らなかった素案がいくつもあったはずです。

「失敗は成功のもと」と言われるように、失敗が貴重な経験になることは、誰もが知っているはずです。ところが組織が大きくなると、失敗したことのない人が昇進して管理職になっていることが、むしろ多くなるのです。そのため、それを見ている若手社員も、失敗しないことが昇進の条件だと勘違いしてしまうのでしょう。

　アルバート・アインシュタインは、「失敗を経験したことがない人は、何も新しいことに挑戦したことがない人だ」と言っています。まさに、悪い意味で大きな組織になると、何も挑戦しない人、失敗を経験しない人が多くなってしまうのです。

　「予期せぬ出来事」問題は新規事業開発がテーマです。失敗を恐れる組織、失敗を経験しない組織において、新規事業開発をどう成功させるかがテーマなのです。

表の狙いと真の狙い

　令バイオの社長は機能性食品事業の責任者に新事業開発の指示を出し、情熱と忍耐力のある社員を選んで新規事業開発チームを編成するように依頼しました。そしてチームの人選には社長も関与しました。

　Xホールディングスという上場企業の子会社である令バイオとしては、社会に貢献することは大前提として、事業活動で適正な利益を生み出すことも、親会社から要求されています。経営資源の無駄遣いは許されません。収益を生まない事業に、人材を投入し続けることはできないのです。

　ですから表向きは、新規事業によって会社の利益に貢献することが、新規事業開発の目的になります。機能性食品事業の責任者も、選出されたチームのリーダーと４名のスタッフも、そのように理解しているはずです。

　しかし、社長には別の狙いがありました。今回の新規事業開発プロジェクトの真の目的は、次世代のリーダーを見出して育てることなのです。それゆえ、新規事業開発チームの人選にも社長が口出ししたのです。

　当たり前ですが、新規事業の成功率は高くありません。いまの時代では、10のうち１つうまくいけば成功と言えるでしょう。新規事業の提案書が10本上申されたとしても、そのうち成功するのは１本あるかないかです。

　ですから、新規事業開発においては、成功するか失敗するかという尺度だけで判断することは不適切なのです。令バイオの社長は、もっと重要なことに気づいていました。それは成否の結果ではなく、成否に至るプロセスです。つまり、新規事業開発を検討するプロセスであり、新規事業を推進するプロセスです。事業の成功、失敗にかかわらず、そのプロセスを通して得難い経験を積めるのです。それこそが新規事業開発の意義であると社長は考えていました。

「お得意先に行って、きみのところは何をつくっているのかと尋ねられたら、松下電器は人をつくっています。電気製品もつくっていますが、その前にまず人をつくっているのですと答えなさい」と言ったのは松下幸之助です。令バイオの社長も、この言葉が大好きだったに違いありません。

新規事業開発の提案書の
大きな流れを考える

　新規事業開発チームのスタッフであるあなたは、どのような提案書を作ったらよいでしょうか。バイオテクノロジーのことは入社時の研修で習いましたし、研究開発部門の先輩たちからも実務を通して教えてもらいました。あなたはバイオテクノロジーのことはわかっています。

　また、あなたは事業を組み立てること、自ら新規事業を推進することに、前々から興味を持っていました。今回、新規事業開発チームの一員に選ばれたことは、大きなチャンスだと感じています。やる気は大いにあるのですが、事業の経験はありません。

　新しい事業を検討しているのですから、その市場性や内容をつぶさに検討することが大事なのはわかっています。それだけでなく、なぜその事業をやるのか、どうやってその事業を進めるのか、という視点も必要そうです。

　そこで、サイモン・シネックが提唱した「ゴールデン・サークル」の枠組みで考えてみることにしました。彼は、why（なぜ）、how（いかに）、what（何を）の順番でプレゼンテーションを構成することを主張しています。

　令バイオのこれまでの新規事業への取り組みは、「新たなバイオ食品を開発するために、研究所の技術を使い、会社の売上げと利益に貢献する」というものでした。ゴールデン・サークルとは順番が真逆で、what（何を）、how（いかに）、why（なぜ）の順番になっています。

　why（なぜ）、how（いかに）、what（何を）の順番で、提案書のメッセージをいくつか考えてみましょう。

　「人々の健康を増進するために、研究所のバイオ技術を使って、新たなバイオ食品群を開発する」。これは、ごく標準的な主張です。開発する食品群の内容については、いくつものバリエーションがありそうです。

　「人々の健康増進を手助けするために、研究所のバイオ技術をツール化して提供し、他社が新たな食品群を開発する支援を行う」。食品開発について、

BtoCからBtoBtoCへの転換を企図しています。自社で商品を開発するのではなく、他社の商品開発のために自社技術を提供するというビジネスモデルです。

「食品情報を有益なものとするために、あらゆる食品の情報を整理して、人々が使えるような仕組みを作る」。こういうビジネスモデルもありうるでしょう。完全な自然状態から取れる食品がある一方で、遺伝子組み換えなど人工的な食品も増えています。人々の食に対する関心が高まっている現代では意義あるビジネスでしょう。

「次世代を担う人材を育てるために、新規事業開発プロジェクトの場を借りて、若手社員に実体験を積ませる」。これは社長の真の狙いに沿うものです。ちょっとやりすぎ感はありますが、人事部門からの提案と考えれば、ありえるかもしれません。

　どうやら、新規事業開発チームからは多種多様な提案が出てきそうです。

基本の3章構成に従って伝えたいことを書き出す

　ここでは今回の提案書で伝えたいことを、基本の3章構成に従って書き出します。

図5-1　パターン③「予期せぬ出来事」の提案書

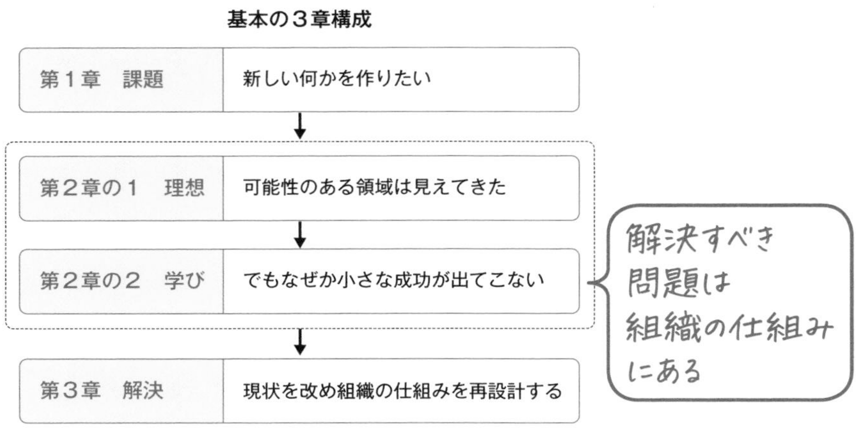

基本の3章構成

第1章　課題	新しい何かを作りたい

↓

第2章の1　理想	可能性のある領域は見えてきた
第2章の2　学び	でもなぜか小さな成功が出てこない

解決すべき問題は組織の仕組みにある

↓

第3章　解決	現状を改め組織の仕組みを再設計する

第1章は表面的な課題設定としました。社長が考えている真の狙いは、必ずしも新規事業を起こすことだけではなく、人材を育てることも含まれていますが、ここではまだ表に出しません。

　第2章の1では、有望な新規事業のアイデアを提示します。そもそも新規事業の成功確率は1割以下ですから、多くのアイデアを俎上に載せる必要があるとみんなが認識しています。チームからは多種多様なアイデアが出てくることでしょう。そのため、やや漠然とした、応用範囲の広いメッセージにしてあります。

　第2章の2では、大きくなってきた組織の宿命を述べます。いまの会社における新規事業の判断基準が正しくないのです。新規事業に挑戦した経験がない管理職の判断基準が、間違っていることもあります。この点をつまびらかにしてもいいだろうと考えました。

　新規事業を成功させるためには、けっしてあきらめてはなりません。これは多くの先人が教えてくれることです。そこで第3章では、失敗してももう一度やってみるという、試行錯誤のアプローチを組織に仕組みとして埋め込む提案を行うことにしました。

　それでは提案書の4つのポイントそれぞれについて、キーとなるスライドを書いていきましょう。

令バイオの「予期せぬ出来事」提案書
第1章（課題）　売上低下を
補うための新規事業の必要性を訴える

　提案書の第1章では、課題を整理することがポイントになります。表向きの課題は、機能性食品事業を成長軌道に戻すために、新たな事業の開発が必要であるということです。これまで育ててきた商品群の一部を他社へ売却したため、売上げが下がっていますが、その売上減少を補って余りあるほどの新規事業を開発し、育てていくことが課題です。

　図はキースライドの例です。
　過去6年間の売上高の推移を見ると、ピーク時に50億円あった売上高は、一部の商品群を他社へ売却したため、昨年度は30億円まで減少しま

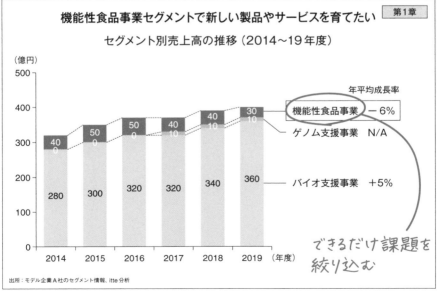

図5-2　パターン③「予期せぬ出来事」第1章のキースライド

機能性食品事業セグメントで新しい製品やサービスを育てたい　第1章

セグメント別売上高の推移（2014〜19年度）

出所：モデル企業A社のセグメント情報、itte分析

した。とはいえ、事業として不健全な売上減少ではありませんので、本年度からあらためて売上増に貢献できるよう、新たな事業の開発を目指していくことを課題として示すことになります。

令バイオの「予期せぬ出来事」提案書

第2章の1（理想）
多様なアイデアを示す

提案書の第2章は考察のキーポイントであり、その1では理想的な解決策を示します。すべての物事がうまく進めば、こんなに素晴らしい世界を実現できる、ということを述べればよいのです。その多様なアイデアを示します。

　ここでは、自社が培ってきたバイオ関連技術を応用すれば、最終消費者にかかわる領域で付加価値を生み出せそうだということを語ります。

　自然食品や健康食品の領域では、まだまだバイオ技術によって進化が起きそうです。またこの領域は、健康寿命や安全性などの点から一般消費者の関心が高い分野です。そこで、発酵や交配育種、品種改良、細胞融合、

図5-3　パターン③「予期せぬ出来事」第2章の1のキースライド

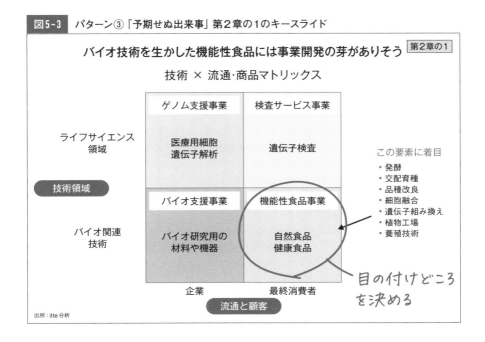

バイオ技術を生かした機能性食品には事業開発の芽がありそう　第2章の1

技術 × 流通・商品マトリックス

出所：itte分析

遺伝子組み換え、植物工場、養殖技術などの要素に注目して、新規事業の可能性を探れることを提案します。

　初期の仮説的なアイデアとして、新規事業開発チームのスタッフがいくつも発案できるでしょう。前段では３つの例を提示しました。

「人々の健康を増進するために、研究所のバイオ技術を使って、新たなバイオ食品群を開発する」

「人々の健康増進を手助けするために、研究所のバイオ技術をツール化して他社に提供し、他社が新たな食品群を開発する支援を行う」

「食品情報を有益なものとするために、あらゆる食品の情報を整理して、人々が使えるような仕組みを作る」

　第２章の１では、このような新しい事業のアイデアを述べていきます。

令バイオの「予期せぬ出来事」提案書

第2章の2（学び）　多くの新規事業がうまくいかない理由とは？

　第2章の2では、必ずしも理想どおりにはならないことからの学びや悟りを記述します。1で理想的な新規事業の構想を提案しましたが、現実は理想のようにはなりません。そこには何らかの障害があり、その解消が必要なのです。

　図5-4のスライド例では、大きな組織が陥りがちな罠を仮説として示してあります。これは組織が大きくなると否応なく直面する、避け難い問題かもしれません。

図5-4　パターン③「予期せぬ出来事」第2章の2のキースライド

製品やサービス、事業の有望性を見抜く能力が欠けている　第2章の2

組織が陥りがちな罠（仮説）

社内基準＝管理職の判断基準	判断の妥当性
1　この事業や製品・サービスについて、事前に根回しされているか？	事前に根回しのないことは門前払いか、信頼できる者の目が通っているかを確認する
2　この事業や製品・サービスはそもそも誰の発案か？	信頼している部下の発案には耳を貸すが、若手や実績のない者の発案は聞かない
3　きちんとした事業計画は作成されているか？	そもそも新規事業は精緻な計画化になじまないのに、その文書化を求める
4　この市場は十分大きいのか？伸びているのか？	新規の事業について、既存の市場規模を判断材料にすることはできない
5　競業他社は参入しているのか？	競合がいると安心するのか、心配するのか、いったい何を聞きたいのか釈然としない
6　顧客の声、反応や評判はどうか？	最も重要な顧客の声は後回しで、自ら顧客となって判断しない、できない

出所：itteのプロジェクト実績および経験

社内の判断基準が新規事業の芽を摘んでいた

ここでの学びのポイントは、新しい製品やサービス、事業の有望性を見抜く能力が低下していることです。企業が大きくなり安定してくると、収益を上げている既存の製品やサービスが幅を利かせるようになります。つまり、会社の仕組みが既存の物事に合うようになってしまうのです。

　　結果として、新規の製品やサービス、新規の事業に対する目利きができなくなります。既存のものを評価する尺度で、新規のものも評価するようになってしまいます。これが、大きくなった企業から新しい事業が生まれにくくなる理由の１つです。

　　このスライドでは、組織が陥りがちな罠として、根回しという手続きが重視されること、提案の中身より誰の提案かが問われること、など６つのポイントを示しています。

　　新しい製品やサービスは、そのプロトタイプを作って適切なセグメントの潜在顧客に評価を仰ぐのが普通です。しかし、世の中に存在していなかった製品やサービスですからは、潜在顧客でも十分には評価できないものです。ここは開発者の洞察に頼るしかありません。開発者が顧客になりかわって判断する必要があるのです。

令バイオの「予期せぬ出来事」提案書
第3章（解決策）
既存の組織の論理を持ち出さない！

　第3章は解決のセクションです。会社や組織の現実からの学びや悟りを受けて、真の解決策に迫ります。

　そもそも新規事業開発は成功率が低く、なかなか成果が出ないため、途中であきらめてしまうことが多いようです。だからこそ、新規事業のネタを数多く出すこと、いろいろ試してみることが大事になります。また、成功するまであきらめない仕組みや仕掛けも必要です。

　スライドのポイントは、予期せぬ小さな成功を見逃さない仕掛けの提案にあります。大企業でありがちな、かっちりした計画書を求めたり、達成

図5-5　パターン③「予期せぬ出来事」第3章のキースライド

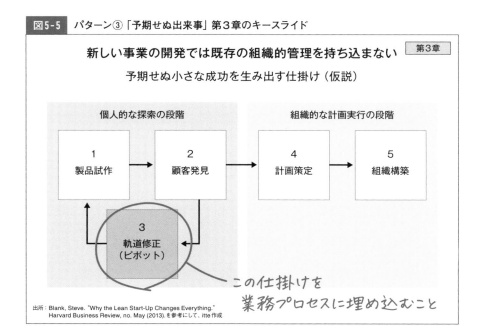

新しい事業の開発では既存の組織的管理を持ち込まない　第3章

予期せぬ小さな成功を生み出す仕掛け（仮説）

個人的な探索の段階　　　　　　　組織的な計画実行の段階

1 製品試作 → 2 顧客発見 → 4 計画策定 → 5 組織構築

3 軌道修正（ピボット）

この仕掛けを業務プロセスに埋め込むこと

出所：Blank, Steve. "Why the Lean Start-Up Changes Everything." Harvard Business Review, no. May (2013).を参考にして、itte作成

基準をありえないほど高くしたり、評価されていない人材による小さな成果をつぶすような仕組みを排除していきます。

　ここでは、新規事業が成功するために歩むべきプロセスを提示しています。1つのアイデアの解決策を示すのではなく、多くのアイデアの中からどうやって成功するアイデアを育てるか、という視点でアプローチを提示しています。それが新規事業開発の本質的な問題だからです。

「予期せぬ出来事」問題のまとめ

　現代では、どのような業種の企業でも、新規事業の開発に無関心ということはありません。新しい製品を作ったり、新しいサービスを生み出したりすることに、ほぼすべての企業が取り組んでいます。

　事実、新規事業を開発したいので支援してほしいという依頼が、コンサルティング会社には数多く入ってきます。優秀なスタッフを集めた新規事業チームと一緒になって、課題解決に取り組むことも少なくありません。

　新しい事業を作るプロジェクトでの問題は３つあります。これはコンサルティング会社の責任でもありますが、顧客側の変わらぬ姿勢にも問題があります。

　１つめの問題は、新規事業の計画書づくりに注力しすぎることです。実行する前に詳細な計画書を求めようとする会社の体質にも問題があります。そもそも新規事業は計画性になじみません。成功するか失敗するか、実行してみなければわからない側面が大きいからです。成功確率は10分の１以下です。新規事業の計画に時間を使うより、その実行に時間を使うべきです。

　２つめの問題は、小さな成功を見逃してしまうことです。ほとんどの社員は新規事業の芽が生まれる「真実の瞬間」に立ち会った経験がありません。どういうことから成功の芽が生まれるのか、わかっていないのです。いくつもの事業を立ち上げて成功させている人なら、成功の兆候が経験的にわかっているので、小さな成功を見逃すことはありません。だから連続して起業に成功するのです。

　３つめの問題は、予期せぬ成功を無視すること、ないがしろにすることです。若手のスタッフなど、これまであまり高く評価されることのなかったスタッフが、うまくいった事例を説明したとします。そのとき、上司や幹部たちは、どのように反応するでしょうか。「それは、たまたまうまくいっただけでしょう」と、幸運な例外として片付けることが多いのではないですか。

しかし、予期せぬ成功は、予想していようがいまいが、誰がやったにせよ、成功であることに変わりないのです。この機会を逃してはいけません。「予期せぬ出来事」というパターン③のネーミングでもそのことを表現したつもりですが、これを成功につなげられるかどうかが、新規事業開発の重要な決め手の１つなのです。

さらに充実した提案書のための章末付録

令バイオの「予期せぬ出来事」提案書
フルバージョン20枚の万能の筋書きを考える

　それではパターン③「予期せぬ出来事」のフルバージョンの提案書について、各章のポイントを軸にして万能の筋書きを考えましょう。

　第1章は5ページを使って課題を定義します。最初のページでは、機能性食品事業が抱えている課題が新規事業開発であることを明記します（P.1）。そして、これまでの新規事業開発の取り組み状況や、うまくいったこと、うまくいかなかったことを整理します（P.2〜P.4）。そして最後に、課題の全体像をまとめます（P.5）。

図5-6　パターン③「予期せぬ出来事」の提案書

さらに充実した提案書のための万能の筋書き

万能の筋書き	おおよそのページ数
① 新たな製品やサービス、新規事業の開発がテーマ	（1）
② いまだに新しい芽が市場の発見に至っていない	（2〜4）
③ 商品開発から顧客開拓までの課題を列挙する	（5）
④ 開発する新商品と開拓する想定顧客を分析する	（6〜9）
⑤ あるニッチセグメントでの可能性が見えてきた	（9）
⑥ この商品ならある程度の市場を取れそうだ	（10）
⑦ しかし顧客が買ってくれない現実に直面する	（11〜14）
⑧ そもそも選んだ商品や市場が適切でなかった	（14）
⑨ これまでの意思決定基準が間違っていたと気づく	（15）
⑩ 新しい商品には、新しい器が必要になる	（16）
⑪ 探索段階では自由度と試行錯誤が何より大事	（17〜20）
⑫ 新しいリーダーと新しい仕組みを再設計する	（20）

第2章の1では、課題に対する理想的な解決策を示します。どのような新規事業の可能性があるのか、それはどのような領域のものか、どのような要素に着目しているのか、といったことを記載できるでしょう（P.6～P.9）。その中では、新規事業のアイデアを具体的に説明することも必要になります。そして最後に、新規事業の目のつけどころをまとめます（P.10）。

　第2章の2では、新事業開発がなかなかうまく進まない理由、障害になっていること、意外な落とし穴などを、具体例とともに示します（P.11～P.14）。そして最後に、そこから学んだことを、組織が陥りがちな罠（仮説）と題して、新規事業開発の障害となっている組織の悪しきルール、慣習などをまとめればよいでしょう（P.15）。新規事業開発において企業が抱えている本質的な課題を、ここで明らかにするのです。

　第3章では真の問題に迫ります。ここでは大きな視座から、組織の新規事業への取り組み方を提言します（P.16）。次いで、そのアプローチを実践するための制度設計を示せばよいでしょう（P.17～P.20）。今回の新規事業開発プロジェクトが成功裏に進んだ後、そこから得た教訓を会社全体に広めていく方策について、ここで言及できれば申し分ありません。

PART 6

パターン④
「上辺だけの合意」提案書の
書き方

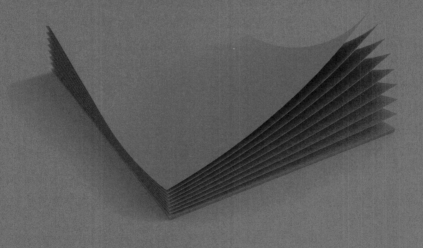

　人は、気になることは任せ切れません。任せ切れないと部下は育たないのです。任せ切ってしまうと見えていない所で大きな問題が起こります。だから、任せるけどちゃんと見ている「任せて任さず」という姿勢が必要です。

（「任せて任さず」は上司が部下に権限委譲しながらも放任せず、支援・管理し続けるということ）

（永守重信）

静かな社内対立をどう解消するのか？

法人営業とEC販売の対立の始まり

20XX年8月の第1週の月曜日、京都にある令バイオの役員会議室では、月に一度の経営会議が開かれていました。8月の経営会議の議題は、主要3事業の戦略実行プランです。今年度から始まった新しい3カ年中期経営計画に基づいて、バイオ支援事業、ゲノム支援事業、機能性食品事業それぞれの実行プランに関して討議するのです。

3年後に売上高400億円を目標としているバイオ支援事業は、令バイオの中核事業で、これについては従来の対人営業に加えて、EC販売にも本腰を入れていくことが決まっています。昨年度のEC販売はせいぜい10億円程度でしたが、3年後には5倍の売上高50億円を目指しています。

バイオ支援事業全体を統括しているのは経験豊富な取締役で、彼は大学を卒業して令バイオに入社し、主に営業畑でキャリアを積んで取締役になった人物です。部下の面倒見がよく、いまでも対人営業部門のトップとして陣頭指揮にあたっています。もちろん、令バイオの社長も彼を信頼しています。

一方、今年度から新たにEC販売部門の責任者になったのは大手の飲食料品メーカーから移ってきた部長で、令バイオでのキャリアは5年を超えています。初めは経営企画部に配属され、社長の片腕として会社全体の経営管理やマーケティングを担当してきました。そして今年度からは、バイオ支援事業の取締役の下でEC販売を任されるようになったのです。社長の胸の内には、ゆくゆくはEC販売をバイオ支援事業から独立させるという構想があります。

通常は経営会議にEC販売部長が出席することはありませんが、今回

はEC販売事業の戦略実行プランを説明するため、社長の意向で特別に参加していました。当然、事前に取締役バイオ支援事業部長の同意を得ています。

　バイオ支援事業全体の戦略実行プランの説明が終わり、引き続いてEC販売部長が戦略実行プランを説明しました。EC販売については、有望な販売チャネルとして新しい顧客の開拓に貢献することを、誰もが期待しています。だが一方で、既存顧客が従来の対人営業を求めるのか、新しいEC販売を歓迎するのかは、議論の余地があるところです。

　まさしくこの論点についての説明が始まったとき、取締役バイオ支援事業部長の目の動き、表情が変化したのを、社長は見逃しませんでした。

テーマは対立を解消するリーダーシップ

　どうやら組織の中では、至る所に争いの芽が潜んでいるようです。令バイオの8月の経営会議でも争いの兆候が見えました。バイオ支援事業では、対人営業とEC販売との間で対立が生まれそうですが、社長は争いの萌芽に気づきました。

　いま令バイオが直面している課題は、部門間の対立の解消です。社長としては、対人営業部門とEC販売部門が同じ目的に向かって、互いに協力し合いながら、バイオ支援事業を成長させていくことを期待しています。部門間で意見対立がある場合には、大所高所から解決しなければなりません。ですから**課題は、対立解消のためのリーダーシップと言ってもよいでしょう。**

　社内で対立が起こったとき、当事者間で解決させようとしてうまくいった例はほとんどありません。一時的に対立が解けたように見えても、時が経つと再び、対立が誰の目にも明らかになります。当事者に任せても、時間資源の無駄遣いになるだけです。

　ビジネスにおいては、何か気持ちが悪いな、居心地が悪いなと感じたら、そこには必ず問題が潜んでいます。やがて問題が表面化してきますが、そうなる前に、何らかの潜在的問題に気づくものです。

　まったく問題に気づかなかったと言う人もいますが、**気づかないのは問題意識が欠如しているからです。問題解決の行動を起こさなくても免責される**

わけではありません。**不作為によって問題が起これば、それも経営者の責任となります。ですから、潜在的な問題に気づいたら、速やかに行動を起こす**のが鉄則です。

社長の率先垂範

　令バイオの社長はさっそく行動を起こしました。取締役バイオ支援事業部長とEC販売部長との個別の打ち合わせを、速やかに行うことにしたのです。

　両者の話を聞いてみると、どちらの販売チームもそれぞれの目的達成に向けて、最善を尽くそうとしています。対人営業のチームは、現状の売上高350億円を維持するために営業活動の効率化を図り、併せて利益拡大に貢献しようとしていました。

　一方、EC販売部門は売上高を5倍の50億円にすべく、ECシステムへの投資と顧客基盤の拡大を目論んでいました。そのために資金が必要であることも理解できました。

　ここでの問題は、2つの販売部門それぞれにとっての部門最適が、会社全体の成長につながるかどうかということです。よく言われる、組織における部分最適と全体最適の問題です。ここは、全社最適の視点から考え直してみる必要がありそうだと社長は考えました。

令バイオの「上辺だけの合意」提案書
対立解消のための提案書の
大きな流れを考える

　このような対立問題に直面したとき、解消に向けてどのような提案を行えばよいのでしょうか。トップが指示して適切な行動を促し、部門間の対立を解消していく必要があります。何よりも率先垂範の行動が重要なことはわかっていますが、その行動を支える論理的なバックボーンも必要ではないかと考えられます。

　今回の対立の場合、取締役バイオ支援事業部長とEC販売部長との間には、感情的なわだかまりやもつれはないようです。2人とも社長からは高く評価されていますし、これまでの仕事ぶりも申し分ありません。

　対人営業部門は3年後の売上高350億円を維持しつつ、利益率を高めて利益貢献額を増やすという目標を掲げていました。簡単に言えば、既存顧客に既存商品を提供するプロセス、活動を効率化し、利益率を高めようということで、効率化を主目的にした活動です。

　これに対して、EC販売部門は3年後の売上高50億円を達成するために、投資を伴う急成長を企図しています。そのために、幅広い商品群を新規の顧客へ届けることを目的としつつも、その第一歩として既存顧客へもEC販売を浸透させる必要があると考えていました。

　要するに両部門とも、自部門の目標を達成するために最適な活動をしようとしていたわけです。このため、既存の顧客セグメントにおいて両部門が競合し、カニバリゼイションを起こしてしまう危険性がありました。

　この対立を解消するには、大局的な見地から部門最適の考えを見直す必要があります。より高い社長の視座から、全体最適と言える解を提示して、両部門の目的と活動方針を軌道修正するのです。

　そのための提案書の大まかな流れは、現状の確認から始まり、部分最適な

状況を示し、それが発生する理由を解析し、最後に大局的な見地からの全体最適を見せる、という筋書きになります。したがって、**問題解決の大きなメッセージは、「対立解消のためには大局的な見地からの部門の目的と行動の軌道修正が必要である」ということになります。**

基本の3章構成に従って伝えたいことを書き出す

それでは、提案書の流れを考えながら、各章で伝えたいことを書き出していきましょう。それぞれのセクションでのメッセージは、概ね**図6-1**のようになります。

第1章では現状での対立の内容を示します。両部門が置かれている事業のポジションを示せば、対立の原因が明らかになりそうです。

第2章の1では、それぞれの部門の目的や活動内容を対比します。すると、部分最適な状況であることがわかってきます。

そして第2章の2では、部分最適な状況が起きてしまう根源的な理由を示します。会社が大きくなり組織が細分化されてくると、部分最適は必然的に起きるものなのです。組織の宿命として理解しておきたい問題です。

図6-1 パターン④「上辺だけの合意」の提案書

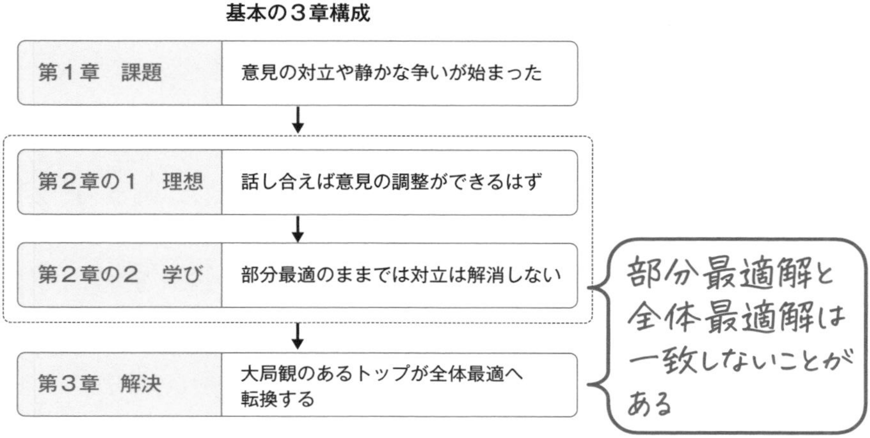

基本の3章構成

第1章　課題	意見の対立や静かな争いが始まった

第2章の1　理想	話し合えば意見の調整ができるはず
第2章の2　学び	部分最適のままでは対立は解消しない

部分最適解と全体最適解は一致しないことがある

第3章　解決	大局観のあるトップが全体最適へ転換する

　そして第3章では、部分最適を解消して全体最適な状況へと昇華させていきます。大局的な全社の視点から、両部門の目的や方針を軌道修正するのです。

令バイオの「上辺だけの合意」提案書
第1章（課題）
なぜ対立が生まれているのか

　第1章では、**対人営業とEC販売を比較して、対立が生まれてくる理由を導き出します。**事業の状況を分析し、組織の様子を観察すれば、客観的な理由が見つかるはずです。

　このスライド例では事業ポジショニングの違いに焦点を当てています。バイオ支援事業のポジショニングを確認するとともに、バイオ支援事業を対人営業の事業とEC販売の事業に分解して考察することがポイントです。
　成長率・市場占有率マトリックスを使って、それぞれの事業のポジショニングを分析してみました。BCGマトリックスと呼ばれている古くから

図6-2　パターン④「上辺だけの合意」第1章のキースライド

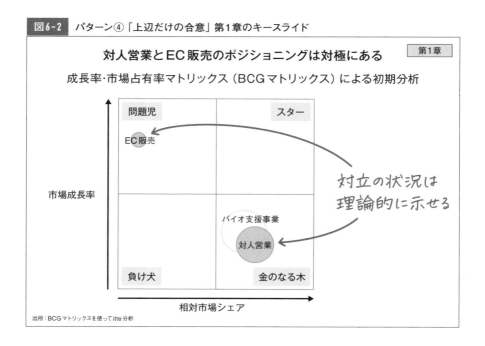

あるフレームワークですが、ここでは使い道がありそうです。

令バイオのバイオ支援事業は、全体としては成熟しつつある事業です。市場の成長率はかつてほど高くありませんが、令バイオの相対市場シェアは高く、業界のリーダーです。ですから「金のなる木」というポジションに分類されます。キャッシュを生み出せる事業ということです。

ここで、このバイオ支援事業を対人営業の部分とEC販売の部分に分けてみました。すると、主力の対人営業の事業は、金のなる木のポジションで変わりません。キャッシュを生み出す力があるのです。

一方、EC販売の事業は「問題児のポジション」になりました。どういうことかというと、令バイオのEC販売事業は、市場の成長率は高いのですが、相対市場シェアが低いのです。令バイオのEC販売事業はまだ、業界の中で優位なポジションを築けていないということです。ですから、高いシェアを獲得していくためには投資が必要なのです。いわば、成長のためにキャッシュを必要としている事業ということです。

バイオ支援事業を対人営業とEC販売に分けて分析することで、実は2つの事業が対極的なポジションにあることが見えてきました。事業のポジショニングが対極なのですから、そこに何らかの原因があって対立が生まれる可能性が高くなるのです。

この例では、対立の背後にポジショニングの違いがありました。理論的に考えて、何らかの立場の違いがあるはずです。このポイントを発見し、えぐり出すことが、ここでの課題定義のポイントです。

令バイオの「上辺だけの合意」提案書
第2章の1（理想）
仮の解決策を並べて検討する

　第2章の1では、両部門の目標設定と活動方針を比較します。

　すでに新しい中期経営計画の中で、2つの事業の目標は与えられています。また第1章で考察したことで、2つの事業のポジショニングの差異もわかりました。これを受けて、**2つの事業はそれぞれ、どのような事業の目的や方針を持っているのかを検討します。**

　　対人営業の事業では、350億円の売上高を維持したうえで、利益率の向上を狙っています。すなわち、営業活動を効率化することによって、

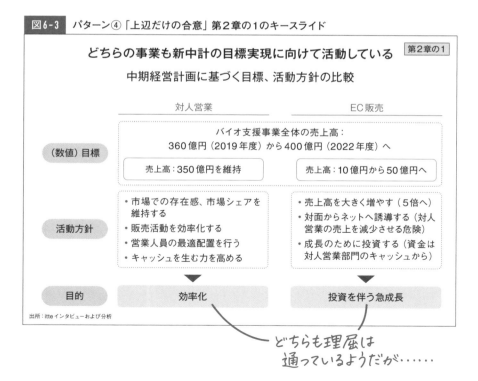

図6-3　パターン④「上辺だけの合意」第2章の1のキースライド

キャッシュを生み出す力をこれまで以上に高めるのです。

　会社への貢献は、売上高の増加ではなく利益額の増加による、という目標を定めているのです。対人営業としてはもっともな方針です。ですから効率化という目的を掲げて、営業人員の適正配置や営業業務の効率化を進めようとしています。

　一方でEC販売の事業は、売上高を10億円から50億円へ増やすことが目標です。3年後に売上高5倍という急成長ですから、そのためには投資が必要だと考えています。

　会社への貢献は第一に売上高の拡大であり、利益貢献は当面はできないという考えです。あくまで、投資を伴う急成長が目的だということです。

　どちらの事業プランももっともです。対人営業の事業は、売上高を維持しつつ利益額を増加させるという効率化を目的としています。EC販売の事業は、成長への投資を必要とするが売上高を急成長させるという目的を掲げています。

　どちらも正しいのです。だからこそ、2つの事業の当事者同士が話し合いを続けても、歩み寄ることは期待できそうにないのです。

令バイオの「上辺だけの合意」提案書

第2章の2（学び）　各々のポジションは本当に正しいのか、を問う

　第2章の2では、組織が抱える根源的な問題に迫ります。大きな組織では部分最適が起こることは必然であり、トップのリーダーシップのみが全体最適に導くことができるということです。

　対人営業の事業も、EC販売の事業も、それぞれ責任者が配置され、自部門の目標を達成しようと日々努力しています。

　そこで問題になるのは、短期的な数値目標が従業員の行動を歪めてしまうことです。数値はわかりやすく、達成状況が目に見えるので、いつしか数値目標が必達目標となり、部分最適に走らせてしまうのです。

図6-4　パターン④「上辺だけの合意」第2章の2のキースライド

組織の中では部分最適が起こることは必然である　　第2章の2

組織を部分最適に導く原因（仮説）

1　組織には常に対立の芽がある	・新参のEC販売と古参の対人営業とでは、何らかの争いが起こっても不思議ではない
2　相手へのダメ出しはうまい	・どちらの部門の責任者も、相手部門の問題点・弱点はよくわかる
3　自分は正しいと勘違いしている	・新中計の目標達成を目指しているので、自分の方針は間違っていないと信じている
4　よって、自分の考えに頑なである	・だから、経験や勘に基づく自分の活動・行動をけっして変えたくないと思っている
5　しかも、逃げ道を用意しておく	・さらに悪いことに、目標未達の場合には、相手に責任転嫁できるように準備しておく

組織内ではよく見られる行動

出所：itteのプロジェクト実績および経験

　しかも悪いことには、目標を達成できなかったときの言い訳が、精一杯努力したが他の協力が得られなかったので目標を達成できなかった、という責任転嫁になりがちなのです。

　対人営業の事業では、売上高350億円を維持し利益額を積み増すという数値目標は、妥当なのでしょうか。そのために営業活動を効率化することは、正しい判断でしょうか

　EC販売の事業では、投資を伴う売上高の急成長は、本当に正しい目標になるのでしょうか。既存顧客に踏み込んでまで、売上獲得が求められているのでしょうか。そもそも、ネット販売を拡大するためにそんなに大きな投資が必要なのでしょうか。

　このような論点で疑問を発してみることが、部分最適から脱して全体最適へ向かう道筋なのです。優れた経営トップは長い目で考えます。数値目標よりも日々の活動を重視します。目標達成よりも、そこに至るプロセスを大事にしています。

令バイオの「上辺だけの合意」提案書
第3章（解決策）
全体最適をどのように生み出すか

　第3章では、経営トップのリーダーシップによって部分最適から全体最適への転換を図る解決策を提示できるかがポイントになります。トップの行動を支える論理的なバックボーンを検討するのです。

　まず対人営業の事業について。事業の目的は効率化ではなく、効果向上であると定めます。対人営業の部隊には、今後ますます高度化する新しい製品やサービスに関する技術的知識が求められます。新商品を既存の顧客に紹介してその反応をキャッチし、商品開発にフィードバックする役割が

図6-5　パターン④「上辺だけの合意」第3章のキースライド

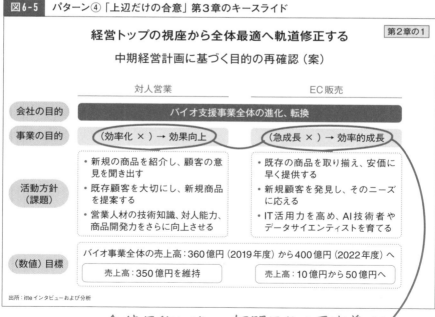

経営トップの視座から全体最適へ軌道修正する　第2章の1

中期経営計画に基づく目的の再確認（案）

	対人営業	EC販売
会社の目的	バイオ支援事業全体の進化、転換	
事業の目的	（効率化 ×）→ 効果向上	（急成長 ×）→ 効率的成長
活動方針（課題）	・新規の商品を紹介し、顧客の意見を聞き出す ・既存顧客を大切にし、新規商品を提案する ・営業人材の技術知識、対人能力、商品開発力をさらに向上させる	・既存の商品を取り揃え、安価に早く提供する ・新規顧客を発見し、そのニーズに応える ・IT活用力を高め、AI技術者やデータサイエンティストを育てる
（数値）目標	バイオ事業全体の売上高：360億円（2019年度）から400億円（2022年度）へ	
	売上高：350億円を維持	売上高：10億円から50億円へ

出所：itteインタビューおよび分析

全体目的に沿って部門目的を再定義する

重要になってくるのです。そのため営業人材にはさらなる能力向上が求められます。技術知識を持ち、対人折衝能力が高く、商品開発にも踏み込めるような人材を育てていく必要があるのです。

　対人営業の部隊については、効率化するのではなく、営業人材を育成して高度化していくことが目的になります。ですから、売上高の350億円は維持するとしても、そこから生まれる利益は営業人材の育成に投資してよいのです。

　次に、EC 販売の事業については事業の目的を、投資を伴う急成長から効率的成長へ切り替えます。まずは既存の商品を新しい顧客へ届けることが役割です。既存の顧客を対象に EC 販売を広げることは求めません。

　また、EC 販売の拡大に伴う投資は抑制します。少ない投資でも広い販路を得られることがネットの世界の特徴ですから、必要以上のキャッシュを投じない方法を模索することが求められます。

　軌道修正の結果、短期的には売上高成長が鈍化するかもしれませんが、それでもよいのです。長い目で見て、少しずつ必要なぶんだけ投資を増やし、売上げを育てていけばよいのです。いきなり大きな投資は行わないことも、戦略的な判断です。

「上辺だけの合意」問題のまとめ

「上辺だけの合意」問題は、対立や争いの解消がテーマです。当事者同士では解決できなくても、経営トップが主導することで解決できます。

　まず、対立や争いがあることをうやむやにしてはなりません。たとえ静かな対立であっても、はっきりと認識することが大事です。あいまいにしたり、何かで覆い隠したりしても、問題が先送りされるだけです。先送りすることで問題がもっと大きくなるかもしれません。

　当事者間でうまくやってくれという対応は、リーダーとして無責任なあるまじき姿勢です。ここは自ら乗り出していき、指導力を発揮する場面です。経営トップの高い視座がなければ解決できないことが、この手の問題には多いからです。

　解決にあたっては、まず問題の本質を掘り下げて、部分最適になっている原因を探ることです。原因を突き止めれば、必ずや部分最適を脱して全体最適にたどり着く解決策が見つかります。高い視座から問題を捉えれば、より良い解決策がわかるということです。抽象的ですが、遠くを見て、視野を広げ、視座を高くすれば問題は解決できるものなのです。

さらに充実した提案書のための章末付録

令バイオの「上辺だけの合意」提案書
フルバージョンの20枚の提案書の筋書きを考える

「上辺だけの合意」問題に対するフルバージョンの提案書を考えましょう。

「上辺だけの合意」では何らかの対立や争いが起こっていますので、第1章ではその状況と原因を整理していきます。最初のページでは、対立や争いの解決がテーマであることを述べます（P.1）。そして、当事者それぞれの状況を確認し、それぞれの意見を尊重して、事実を1つずつ整理していきます（P.2〜P.4）。そして最後に、対立や争いを生み出している原因について述べます（P.5）。令バイオの例ではBCGマトリックスを使って、対人販売とEC販売のポジショニングが対極にあることを示しました。

さらに充実した提案書のための万能の筋書き

万能の筋書き	おおよそのページ数
① 社内の派閥争い、部門間対立、内外対立がテーマ	（1）
② 双方の意見を確認して1つずつ事実を整理する	（2〜4）
③ どうやら対立の原因はいくつかに絞られそうだ	（5）
④ 双方の対立点を明らかにして、解決案を示す	（6〜9）
⑤ それぞれの解決案での意見調整を繰り返す	（6〜10）
⑥ この調子で話し合いを続ければ、いずれ解決する	（10）
⑦ ところが対立は根深く、いっこうに解消しない	（11〜14）
⑧ 対等な当事者が部分最適の状態では解決できない	（14）
⑨ トップの行動と大局的な発想が必要だとわかる	（15）
⑩ トップが対立解消に乗り出すことを決意する	（16）
⑪ トップの視座での問題解決を目指す	（17〜20）
⑫ 全体最適の視点から目的と活動の再定義を行う	（20）

第２章の１では、対人販売とEC販売がそれぞれの立場から打ち出している事業目的、活動方針が部分最適になっていることを指摘します。ここでは両部門の戦略的方向性を考察することになります（P.6〜P.9）。中期経営計画から導き出された目標、方針、目的などを比較します。それぞれのロジックは正しいものの、両立しないために対立していることが明らかになります（P.10）。

　第２章の２では、なぜ部分最適となってしまうのか、その根本的な原因を掘り下げていきます（P.11〜P.14）。ここでは必ずしも令バイオの実態に即す必要はなく、世の中の事例や学術研究の成果なども参考にしながら分析することになります。すると、当事者同士の話し合いでは決着がつかないことがわかってきます（P.15）。

　最後の第３章では、トップの目線から論理的な解決方法を導き出し、トップが主導して解決にあたることを述べます。まずは、トップの目線で会社全体の目的をあらためて確認することから入ります（P.16）。その共通の目的の下で、２つの事業の活動方針を整理し直し、最下層に数値目標を掲げていきます（P.17〜P.19）。こうすることによって事業間の対立が解消され、同じ目的を共有しながら、中期経営計画の目標の達成に向けて活動できることを見せるのです（P.20）。

PART 7

パターン⑤
「新しい組み合わせ」提案書の
書き方

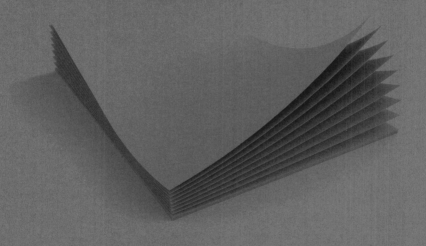

アイデアとは既存の要素の新しい組み合わせ以外のなにものでもない。
　既存の要素を新しい一つの組み合わせに導く才能は、事物の関連性をみつけ
出す才能に依存するところが大きい。

（ジェームス・W・ヤング）

令バイオの「新しい組み合わせ」の提案書
イノベーションを目指す提案を考える

社会に貢献できる会社にしたい

「うちの会社にとって、イノベーションとは何ですか？」ある若手研究員の質問が飛び出しました。「社会にとって価値ある製品やサービスを提供することかな。生命科学の領域で、社会に役立つ会社にしていきたいね。君にもぜひ協力してほしい」

令バイオの社長は月に一度、若手の社員を集めて、毎回1時間半ほどの昼食会を開いています。若手社員といっても新入社員ではなく、20代から30代の社員が中心です。時折、40代の社員が混じっていることもあります。

社長は若手との対話をとても楽しみにしているようですが、最近の昼食会はマンネリ化してきたかなとも感じていました。社長に何でも質問できる会だとはいっても、そう簡単に話しかけられるわけでもありません。ニコニコしているだけで、一言もしゃべらない社員もいます。

詳しく詮索してはいませんが、人事部がお膳立てをしすぎているようだと社長は感じていました。誰を昼食会に参加させるのか、この回はどんなテーマで対話を進めるのかなど、事前にアジェンダが整えられているようでした。

社長の手元には事前に、出席者の顔写真が入ったプロフィールと、こんなことを話してくださいという1～2ページのメモが届きます。そのために人事部の担当者が時間をかけているのかなと思うと、ほかにやることがあるだろうにと感じてしまいます。きっと社長との昼食会の出来栄えで、その担当者は評価されているのでしょう。

さて、その日の昼食会が終わってから、社長は、「うちの会社にイノ

ベーションと呼べるようなことがあっただろうか」と自問しました。

　たしかに、令バイオの製品やサービスに対する顧客の評価は高く、研究所の研究者たちからは頼りにされています。自社の研究開発にも相当の投資をしていますし、優秀な研究員を採用できていると自負してもいます。また、他社の技術を買ったり、海外では技術を保有する企業の買収も行っています。

「待てよ、そもそもイノベーションとは何だろうか？」と、社長の頭の中で疑問が湧き上がりました。イノベーションを起こすとか、イノベーションを起こせる会社にするとか発言している経営者は多いけれども、イノベーションは狙って生み出せるものなのだろうか？　どうすればイノベーションを生み出せる会社にできるのだろうか？　社長の疑問は尽きません。

テーマはイノベーション

　20XX年8月の第3週、令バイオの社長は夏休みを取っていました。土日に平日の3日間をつなげた、5日間だけの短い休暇です。自分としては休まなくてもよいのですが、「働き方改革」とやらの影響で、社長が率先して夏休みを取る必要があると言われてしまいました。社員には5日間の平日の前後にそれぞれ土日をつなげる、9日の連続休暇が推奨されています。

　「うちの会社にとって、イノベーションとは何ですか？」という若手研究員の質問が社長の頭の中に残っていました。そこで、クレイトン・クリステンセンの名著『イノベーションのジレンマ』を読み返してみることにしました。この本を読んだことのない社員もいるのだろうな、と思いながら。

　原題は"The Innovator's Dilemma"ですから、イノベーションを起こす人にとってのジレンマというような意味です。それが日本語訳では、イノベーションにおけるジレンマのように解釈されています。

その本のメッセージを1～2行で言うと、「技術革新のような破壊的イノベーションが市場構造を壊し、それまでの偉大な大企業を市場リーダーから引きずり下ろし、破滅に追いやってしまう」となります。

　破壊的イノベーションとは、現在の顧客が求めている価値（すなわち既存顧客のニーズ）を陳腐化させてしまって、現在の顧客が気づいていない価値（すなわち既存顧客の未知のニーズ、あるいは潜在顧客のニーズ）を高めてしまうような種類のイノベーションのことです。

　その本ではディスク・ドライブの事例が分析されています。それによると、既存の顧客はディスク容量の大きさに価値を求めていました。そのため偉大な大企業は、小型のディスク・ドライブが登場したときに、小サイズという新しい価値に気づかず、軽視しました。ところが、コンピュータの小型化が進むにつれ、新しい顧客はディスクのサイズの小ささに価値を見出したのです。やがて、そのような小型のディスクが容量でも大きなディスクを凌ぐようになったのです。

　偉大な大企業は、既存顧客のニーズに耳を傾け、求める価値をより高め、より安価に提供しようと努めました。そのための技術革新への投資も怠りませんでした。既存顧客を大事にするという、真っ当なビジネスを行っていたのです。それにもかかわらず、偉大な大企業は市場リーダーの地位を追われたのです。

　破壊的イノベーションを起こすのは、その業界への新規参入企業であったり、新興企業であったりします。彼らは、偉大な大企業と同じ顧客に同じ価値を提供したところで、勝ち目は薄いことを知っています。ですから、別の顧客に向けて別の価値を訴求します。

　こうして偉大な大企業は、新規参入企業や新興企業にしてやられるのです。偉大な大企業は既存顧客を大切にするがために、市場のリーダーとしてのポジションを失い、破滅への道を歩んでしまうのです。

　こうして考えているうちに、令バイオの社長は「うちの会社にとって、イノベーションは避けて通れない課題だ」と確信しました。

令バイオの「新しい組み合わせ」の提案書

イノベーションを提案する
基本の3章構成

イノベーターになれるか、破滅への道を進むのか

　令バイオは、生命科学領域での開発支援企業としては業界のリーダーです。多くの研究所や研究者のニーズをよく汲み取って、研究用の資材や機器を提供してきました。顧客からの評価も高いはずだと自負しています。

　そんな令バイオが、市場リーダーのポジションを明け渡す日が来るのでしょうか。イノベーターのジレンマに陥ってしまう危険性は、どんなところに潜んでいるのでしょうか。熟考する必要がありそうです。

　例えば、解析装置や検査機器について考えてみましょう。いまのところ、それらの装置や機器はハードウエアとしての機能面が重視されています。精密であって狂いが少なく、研究者が求める高い精度の検査や測定ができることが大事です。現在の顧客が求めている価値は精度の高さにあります。

　ところが徐々に、機器や装置の中に入っているソフトウエアの重要性が高まってきています。アルゴリズムの出来、不出来が、測定結果に影響するようになってきたのです。さらにAI（人工知能）の進歩が目覚ましく、AIに学習させたデータの正しさや量が測定結果を左右するとも言われています。こうなると、顧客の求める価値がハードウエアからソフトウエアに取って代わられる事態も想定されます。

　もう少し考えを飛躍させると、研究者が自ら測定や検査を行うのではなく、その結果だけを手に入れてもよいのです。測定や検査を外部の機関に任せることで、研究者は仕事を効率化できます。この場合、研究者が求める価値は、検査や測定というサービスに負う部分が大きくなってきます。

　このように考えると、市場が求める価値は機器の精度から、ソフトウエア

のアルゴリズムの正しさへ、さらには測定や検査の手軽さへと移っていく可能性がありそうです。

　　このような事態が生じると、令バイオもイノベーターのジレンマに陥ってしまう危険性があります。その半面、新たに登場する価値、すなわち潜在顧客が求める価値を開発できれば、市場のリーダーとしてのポジションを引き続き獲得し続けることができるでしょう。

提案書の大きな流れを考える

　さて令バイオの社長が抱えている課題に関して、あなたはどのような提案書を準備すればよいでしょうか。このケースではどのような筋書きの提案書が求められるのでしょうか。

　提案書のテーマはイノベーションです。しかも、令バイオはバイオ研究を源流としてライフサイエンス領域へ踏み出している会社ですから、研究開発分野でのイノベーションを追求する必要がありそうです。

　さらに、「うちの会社にとってイノベーションとは何だろう？」「どうすればイノベーションを生み出せる会社にできるのだろうか？」という疑問にも答えなくてはいけません。

　このように考えると、「研究開発部門が社会的な価値を生み出し続けるためには、どのような組織や仕掛けを整え、どのような活動を行っていけばよいのか」ということが論点になりそうです。

　この論点に対して、「研究開発部門が社会的な価値を生み出し続けるためには、新しい顧客との間で共同研究を進めていくことが第一歩となる」というメッセージを仮説として書き出してみました。

　次に、提案書の骨格を考えてみましょう。第1章の課題の定義では、令バイオの研究開発部門が偉大な大企業がかかる病のため、新しい価値を生み出す能力が衰えているとしましょう。ここでは、そのような研究開発部門の課題を整理します。できれば他社の研究所の事例と比較して、令バイオの研究開発における課題を浮き上がらせたいところです。

　第2章では、市場の変化という兆候を見逃すことはできません。これまで

令バイオの主要な顧客は一般企業の研究機関でした。しかしながら、ここにきて先端の研究機関や先進治療を行う病院、新薬の開発に注力している製薬会社といった顧客が増えてきました。ここには、潜在顧客の価値を見極める機会があるのです。

これらの新しいセグメントの顧客は、令バイオの研究開発力や技術力に着目しています。特定領域での研究や開発の相談を受けることもあります。どうやら、先端の研究機関や病院、製薬会社などとの共同研究が、新しい価値を見つけ出す機会であることがわかってきました。

しかし、それを実践するうえでの障害があります。容易に想像がつくように、令バイオの多くの研究者は保守的で、内にこもりがちです。外部の研究機関との共同研究に踏み込むまでには、思い切った意識改革が必要でしょう。そして研究者の行動を変えていくためには、組織内部でのイノベーションが必要になりそうです。

新しい顧客の声を聞き、新しい価値を見出して研究開発につなげ、社会的に価値のある製品やサービスを生み出すというプロセスは、一筋縄ではいきません。しかも、既存の研究領域にどっぷりと浸かった研究者では難しく、お手本を示せるリーダーが必要です。新たな取り組みのプロセスを率先垂範できるリーダーを指名したいところです。

基本の3章構成に従って伝えたいことを書き出す

さてここまで準備したので、基本の3章構成に従って、この提案書で伝えたいことを書き出してみましょう。

第1章で伝えたい課題は、ずばりイノベーションを起こすことです。しかも小さなイノベーションではなく、大きなイノベーションを起こすことを狙っています。ですから社会的にインパクトのあるイノベーションであると踏み込んで記述しています。

令バイオの製品やサービスが顧客の研究開発部門でどのように利用されているのかを調査しました。その結果、先端の研究所や先進医療を提供する病院、製薬会社の研究部門との共同研究が、イノベーションを生み出せるかも

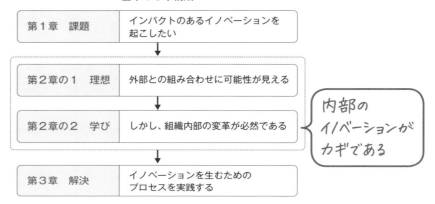

図7-1 パターン⑤「新しい組み合わせ」の提案書

基本の３章構成

| 第１章　課題 | インパクトのあるイノベーションを起こしたい |

| 第２章の１　理想 | 外部との組み合わせに可能性が見える |
| 第２章の２　学び | しかし、組織内部の変革が必然である |

内部の
イノベーションが
カギである

| 第３章　解決 | イノベーションを生むためのプロセスを実践する |

しれないとわかってきました。そこで第２章の１では、顧客の研究開発部門と協力してイノベーションを創出することを、理想的な解決策として示します。

　ところが、社内の研究開発部門は必ずしも外部との共同研究に乗り気ではありません。踏み出せない理由、できない理由が出てきます。そして、まずは社内の研究者の意識改革が必要であることが明らかになりました。これが第２章の２のメッセージです。

　真の解決策は、研究者を外へ連れ出すことです。外部の知に接して刺激を受けることが必要です。そのためには、知の探索を起点とした行動プロセスを実践していくことが大事になります。そこで、これを第３章のメッセージとしました。

令バイオの「新しい組み合わせ」の提案書
第1章（課題）　インパクトのある
イノベーションを生み出すためには？

　提案書の第1章では、社会的に大きなインパクトを与えるイノベーションを生み出すことを狙って、研究開発部門の組織再編にまで踏み込むことを視野に入れます。

　令バイオのこれまでの研究組織に対比する形で、新しい研究組織の事例を示しています。必ずしも先端の研究組織へ再編するわけではありませんが、最先端の事例と比較することで、既存の研究組織の課題を浮かび上がらせることを狙っています。

図7-2　パターン⑤「新しい組み合わせ」第1章のキースライド

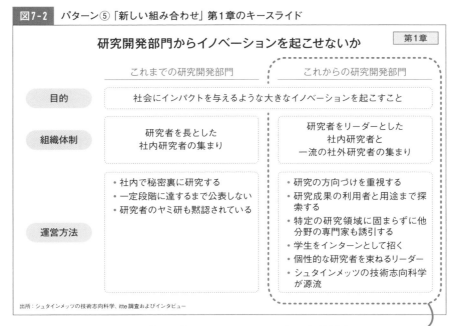

研究開発部門からイノベーションを起こせないか　　第1章

	これまでの研究開発部門	これからの研究開発部門
目的	社会にインパクトを与えるような大きなイノベーションを起こすこと	
組織体制	研究者を長とした社内研究者の集まり	研究者をリーダーとした社内研究者と一流の社外研究者の集まり
運営方法	・社内で秘密裏に研究する ・一定段階に達するまで公表しない ・研究者のヤミ研も黙認されている	・研究の方向づけを重視する ・研究成果の利用者と用途まで探索する ・特定の研究領域に固まらずに他分野の専門家も誘引する ・学生をインターンとして招く ・個性的な研究者を束ねるリーダー ・シュタインメッツの技術志向科学が源流

出所：シュタインメッツの技術志向科学、itte調査およびインタビュー

大反対されるくらいの課題提起でもよい

ここではチャールズ・P・シュタインメッツによる技術志向科学の考えを参考にしています。技術志向科学とは、技術的な成果を実現するために必要な基礎科学を明らかにし、必要な知識を手に入れるための研究を組織化することです。言うなれば、科学は技術上の目的を達成するための手段と位置づけられています。ただし、彼の考えはいまでも議論の的になっており、多くの研究者からは嫌われているのも事実です。

　このスライドでは、社会にインパクトを与える大きなイノベーションを起こすことを目的としたとき、既存の研究部門には組織体制と運営方法の観点から課題がありそうだと指摘しています。

　組織体制面の課題は、社内研究員のみの集団であることです。研究部門の長が研究者であることはよいとしても、すべての構成員が社内研究者のみで、外部の研究者とのネットワークは希薄です。もうひとつの課題はその運営方法にあります。すなわち、研究員による研究内容も研究プロセスもオープンではなく、共有されていないのです。ヤミ研が黙認され、一定の成果に達するまで研究内容は公表されません。

　これに対して、シュタインメッツが志向した研究組織は大きく異なります。それは研究者をリーダーとした、一流の研究者集団です。社内研究員のみならず、社外からも一流の研究者が集められて、共同で研究が進められているのです。

　その運営方法も技術志向です。研究の方向づけが重視されているため、研究成果が誰によってどのように使われるのかまで踏み込んで調査されます。また、特定の研究領域に限らず、周辺の他分野の研究者も引き入れます。ですから組織のリーダーには、個性的な研究者たちを束ねるためのリーダーシップが求められるのです。

　このようにして第1章では、社会的にインパクトのあるイノベーションを起こすことを目的としたとき、これまでの研究部門では課題があることを浮かび上がらせています。

SECTION
49

令バイオの「新しい組み合わせ」の提案書
第2章の1（理想）
イノベーションへの近道は何か？

　第2章の1では、令バイオの研究部門が顧客の研究所と共同で研究を行えるようになれば、大きなイノベーションを生み出す可能性が高まると主張しています。具体的には、3つのタイプの顧客との共同研究の可能性を挙げています。

　3タイプの顧客の1つめは、先端研究を行っている国立の研究所です。令バイオが研究用の試薬や機器を供給している顧客で、ここでは細胞づくりを行っています。彼らは作った細胞を使って研究を行うことが目的ですから、細胞づくりそのものについては令バイオと共同して行う可能性があ

図7-3　パターン⑤「新しい組み合わせ」第2章の1のキースライド

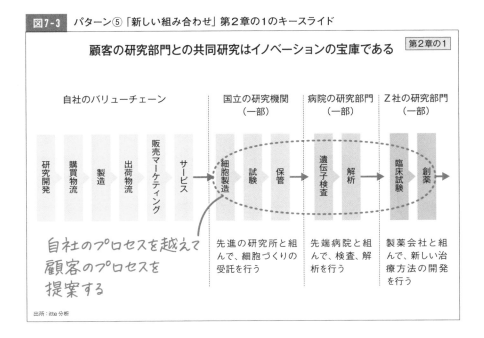

出所：itte分析

るのです。

　その次は先端医療を行ってる病院です。彼らは患者の遺伝子検査を実施して解析し、患者の治療に役立てています。その検査機器や解析装置は令バイオが提供しているものです。ですから遺伝子の検査から解析、その治療への活用のプロセスの中で、共同研究の可能性があります。

　最後は創薬に資源を投入している製薬会社です。創薬のためには臨床試験が関門で、薬の効果を統計的に確かめるプロセスが必要です。さまざまな健康状態の細胞を作れれば、効果的な治療方法とそれに合った薬を開発できます。令バイオは製薬会社と組んで、治療法の開発でイノベーションを起こせる可能性があります。

　この第2章の1では、3つの共同研究例を示して、イノベーションにつながる理想的な解決策を述べています。

令バイオの「新しい組み合わせ」の提案書
第2章の2（学び）
先行するイノベーションが必要？

　令バイオにとって**顧客との共同研究は、イノベーション創出に向けた理想的な解決策のように見えます。** ところが、どうやら多くの研究者は共同研究に対して否定的で、後ろ向きのようです。

　この点は、研究部門の成り立ちや、これまでの研究員の活動スタイルを見ていれば容易に想像がつきます。また、研究員たちにヒアリングして、意見を求めてみればなおさら明らかになるでしょう。

　研究部門の改革の難しさや、研究員の意識改革の困難さが明らかになってきました。 その理由は何でしょうか。

図7-4　パターン⑤「新しい組み合わせ」第2章の2のキースライド

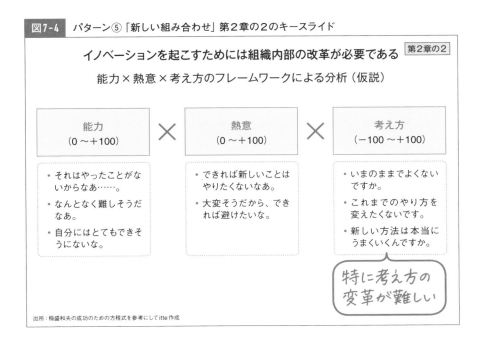

ここでは、稲盛和夫氏の成功のための方程式を参考に考察してみました。それは、能力と熱意と考え方の枠組みです。能力と熱意と考え方の３つが高いレベルで揃わないと、改革の実現は困難であると稲盛氏は考えました。

　令バイオの研究者は、それぞれの専門分野では能力面で申し分ないとしても、外部との共同研究は未知の領域です。それゆえ、「やったことがないから」とか、「なんとなく難しそうだな」「自分にはできそうにない」との声が上がりました。

　意欲はというと、新しい取り組みには前向きではありません。「できれば新しいことはやりたくない」とか、「大変そうだから、できれば避けたいな」という意見が多数です。

　考え方は最も重要なのですが、シュタインメッツの技術志向科学は令バイオの研究者たちには人気がないようです。「いまのままでよくないですか」「これまでのやり方を変えたくないです」「新しい方法は本当にうまくいくんですか」などと、かなり否定的です。

　イノベーションを起こす方策が見つかったとしても、社内の抵抗が大きく、このままでは実現できそうにありません。**外に向けてイノベーションを起こすためには、社内のイノベーションがまず先に必要なのです。**これが第２章の２のポイントになります。

令バイオの「新しい組み合わせ」の提案書
第3章（解決策）　イノベーションでの
リーダーの役割を語る

第2章の1で、研究開発部門がイノベーションを起こせる可能性を見出したものの、第2章の2で、社内の研究者の抵抗がかなり大きいことを学びました。ですから第3章では、何らかの解決策を提示したいところです。

　第3章で打ち出したいのは、研究部門のリーダーが率先して知の探索を実践すれば、研究スタッフの意識改革はできる、ということです。知の探索とリーダーの率先垂範の2つがポイントです。

図7-5 パターン⑤「新しい組み合わせ」第3章のキースライド

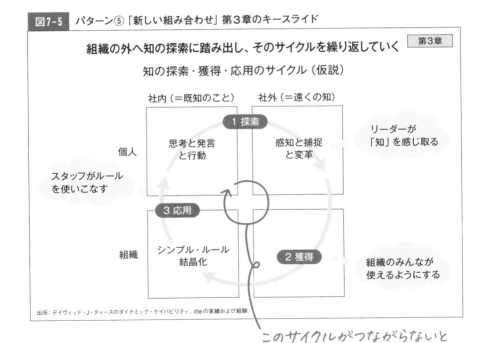

組織の外へ知の探索に踏み出し、そのサイクルを繰り返していく　第3章

知の探索・獲得・応用のサイクル（仮説）

出所：デイヴィッド・J・ティースのダイナミック・ケイパビリティ、itteの実績および経験

このサイクルがつながらないと
イノベーションは生まれない

最近の経営学における研究では、知の探索についての研究が進んでいます。ポイントは、組織の外へ知を求めて探索に出かけることがイノベーションにつながるということです。デビッド・J・ティースらがダイナミック・ケイパビリティ論として理論化しました。

　もうひとつのポイントは、リーダーの率先行動です。優れた人材は知の探索を実行できますが、その行動を組織に定着させ、構成員に浸透させていく必要があります。知を探索して、その知を獲得して、それを組織の中で応用する、というサイクルを回すことが重要になるのです。リーダーが手本を見せてこのサイクルを実践することで、組織のスタッフにも浸透していきます。

　第3章のポイントは、研究部門のリーダーが知の探索を率先して行うこと、そして研究部門のスタッフの意識改革を促すことにあります。息の長い取り組みになります。社会的なイノベーションを起こすことと同様に、社内の意識改革行うことも、時間のかかる取り組みなのです。

「新しい組み合わせ」問題のまとめ

　イノベーションの実現に関心のない経営者は、最近はいないかもしれません。イノベーションに取り組んでいない企業も少ないことでしょう。ここでは「新しい組み合わせ」問題に取り組む際の大事なポイントとして、2つのことをお伝えします。

　1つは「新しい組み合わせ」そのものについてです。イノベーションとは社会にインパクトをもたらすような新たな物事です。その新たな物事は0（ゼロ）から生まれるわけではありません。**いま存在している1（イチ）と、いま存在している別の1（イチ）の、新しい組み合わせから生まれてくるのです。**

　令バイオの例でも、令バイオの研究部門と顧客の研究所との組み合わせがイノベーションの源になっていました。どちらもいま存在しているもので、その2つを合わせると新しい研究課題が見えてきて、イノベーションの芽となることがわかりました。

　0（ゼロ）から何か新しいものを生み出しなさい、と指示する上司がいたら、その指示には従わないことです。ビジネスの世界において、イノベーションとは0（ゼロ）から1（イチ）を生み出すことではない。イノベーションとは1（イチ）と1（イチ）の新しい組み合わせのことである、とその上司に説明してください。イノベーションの定義とその生み出し方を広く捉えなければ、ビジネスにおけるイノベーション創出の確率はきわめて低くなります。

　2つめは、イノベーションには外向けと内向けの両面がある、ということです。**外向けの華やかなイノベーションは、内を向いた地道なイノベーションがなければ生まれません。**

　多くのケーススタディでは、その成果だけに着目しがちです。まあ世の中で起こった華麗なイノベーションの事例しか外には見えてきません。しかし、

イノベーションが生まれるためには、組織の中での地道な努力が不可欠なのです。そこに目を向けてください。組織の変革や従業員の意識改革を行えなければ、いかなるイノベーションも困難であると心得てください。

さらに充実した提案書のための章末付録

令バイオの「新しい組み合わせ」の提案書
フルバージョン20枚の万能の筋書きを考える

「新しい組み合わせ」を提案するための20枚の、万能の筋書きは次のように
なります。

　第1章は5ページを使って提案書の課題を定義します。最初のページでは、
研究部門が社会的に意義のあるイノベーションを起こせるようになることが
テーマであると述べます（P.1）。次に、研究部門の現状、例えば活動目的や
組織体制、運営方法などを記述します（P.2〜P.4）。
　そして最後に、これまで研究部門がイノベーションを起こせなかった理由
を示唆します（P.5）。この提案書の例では、シュタインメッツの技術志向科

図7-6　パターン⑤「新しい組み合わせ」の提案書

さらに充実した提案書のための万能の筋書き

万能の筋書き	おおよそのページ数
① 大きなイノベーションや変革がテーマ	（1）
② これまでのイノベーションの実態をまとめる	（2〜4）
③ イノベーションが生まれなかった仮説を立てる	（5）
④ イノベーションのありかを探索する	（6〜9）
⑤ 見えてきたイノベーションの可能性をまとめる	（9）
⑥ 外部や異質なものとの組み合わせに価値を見出す	（10）
⑦ 組織メンバーは考えを変えてくれない	（11〜14）
⑧ できない、やりたくない、大変そうと抵抗する	（14）
⑨ 組織内部の変革が必然であると気づく	（15）
⑩ イノベーションの仕組みをプロセス化する	（16〜19）
⑪ リーダーが率先して知の探索を実践する	（19）
⑫ イノベーションへのアプローチを繰り返す	（20）

学の考えと対比しています。

　第２章の１では、顧客の研究所との共同研究にイノベーションの可能性を見出したことを語ります（P.6〜P.9）。顧客の研究所へ出向いてヒアリングを行い、その調査を行ってわかったことをまとめるのです。そのうえで最後のページに、どこの研究所とどのような共同研究の可能性が見つかったのかを記述します（P.10）。もちろん、現時点では仮説的な解決策にすぎません。

　顧客の研究所との共同研究の可能性を模索する途中で、その実現に向けては、令バイオの研究所内に高いハードルがあることがわかってきました。研究所のスタッフの本音を引き出すことで、障害がつまびらかになりました。これらの学びを第２章の２に記述します（P.11〜P.14）。そして最後のページでは、組織内部でのイノベーションを実現しないことには、社会的に意義のあるイノベーションは生み出せない、という重要な結論を記述します（P.15）。

　第３章では、最近の経営学の研究成果を引きながら、その理論を実践可能な形に進化させます（P.16〜P.19）。そして最後のところで、リーダーの率先による知の探索のアプローチとしてまとめるのです（P.20）。

PART 8

パターン⑥
「新時代の要請」提案書の
書き方

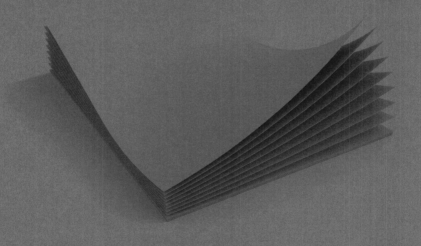

　すばらしいアイデアを持っていたり、すばらしいビジョンを持ったカリスマ
的指導者であるのは、「時を告げること」であり、ひとりの指導者の時代をはる
かに超えて、いくつもの商品のライフサイクルを通じて繁栄し続ける会社を築
くのは、「時計をつくること」である。

（ジェームズ・C・コリンズ、ジェリー・I・ポラス）

令バイオの「新時代の要請」の提案書

私たちの会社は
時代に取り残されていませんか？

社会の変化が気になってきた

　令バイオの社長は、俗に言うサラリーマン社長です。大学の理学部を卒業してから、いまの親会社であるXホールディングスに入社し、研究開発や事業開発、マーケティングなどに携わってきました。一時期は営業部門で管理職をしていたこともあります。

　苦労はしましたが出世して取締役になり、それから令バイオの社長に就任したのです。いまから3年前のことです。特に目ざましい業績を上げてきたわけではありませんが、毎日の小さな出来事に注意を向け、日々の行動に気を配ってきました。社員のお手本になれればいいなと思っていたからです。

　何かを学ぶことはもともと好きで、会社のことや経営のこと、科学や技術のことを、本を読んだりして勉強していました。日々新しいことを吸収したいと思い、顧客と会ったり、他社の経営者と話したりする機会も、できるだけ多く持ちたいと思っています。

　令バイオの社長に就任して3年経ったいま、気がかりなことが2つあります。1つは会社の将来のことです。いまの事業は成長していて利益も増えているのですが、もう少し遠い将来の事業基盤がまだ確立されていないなと不安に思っていました。バイオやゲノムなどの生命科学の分野は、近年特に注目されており、発展が目覚ましい研究領域です。それゆえ、会社の事業も変わりつつあることを実感していたのです。

　もうひとつは従業員の未来のことです。将来、働く人の仕事はどう変わっていくのでしょうか。AI（人工知能）が進化する中で、人の仕事はAIに取って代わられ、人は仕事の場を失くしてしまうのでしょうか。将来、人はどのような仕事をして生きていくのでしょうか。

　このように最先端の科学技術が進歩することで、会社の存在意義が変化し、事業の形態が変わり、人が働く意味も変わってくることを、社長は確信していました。

会社の中に変化の兆しはあるのか

　社会の変化に乗り遅れないように、うちの会社はうまく対応できているのだろうか、と令バイオの社長は社内を観察してみました。

　比較的大きな変化が見えたのは、研究開発部門と営業部門です。研究開発部門ではバイオテクノロジー分野からゲノム分野へと、研究対象とする生命科学領域が拡大しています。遺伝子解析や遺伝子治療に取り組む研究者が増えていますし、若い研究者の大学や大学院での専門分野が多彩になってきました。

　営業部門では、取引顧客のセグメントが変化しつつあります。かつては民間の一般的な研究機関が主要な顧客でした。しかし近年は、生命科学の高度化に伴い、先端研究を行っている研究機関との取引が増えてきました。遺伝子治療を行っている先進医療機関や、新薬開発に投資している製薬会社なども顧客リストの上位に入っています。

　一方で、会社のバリューチェーンの中間部分や管理部門での変化は少ないようです。従来から省力化されていた製造部門はあまり変化が見られません。物流部門も効率化は進んでいるのでしょうが、目に見える変化はないように思えます。会社の管理部門にいたっては、何も変わっていないように見えます。会社の中枢、屋台骨を担っているはずですが、変化していないというのはどういうことでしょうか。

　それでは、社長の椅子に変化の兆しはあるのでしょうか。自分はいつも、後継者のことを考えています。幸い何人かの後継候補者はいるのですが、その中で誰が最もふさわしいのか、判断しかねているのが正直なところです。

知っている経営者の中には、社長や会長の座に居座り続けて、会社への影

響力を保持しているような人もいます。ある意味、組織の中で院政を敷いているのです。次世代の経営トップを心底から信用していないのか、自らの実力を過信しているのかのいずれか、あるいは両方でしょう。

　ある経営者などは、何人かの後継者候補を競わせるという名目で、それぞれの候補者に部分的な権限しか与えず、会社全体を掌握させません。特定の後継者にすべての権限を掌握されたら、自分は引退しなければならないからです。会社に居座る院政の準備をしていることは明らかです。

　令バイオの社長は、院政を敷いて居残るつもりはまったくありません。意思決定した結果に責任を持てない者は意思決定に参加してはならない、という信念があるからです。10年後の事業の成果に責任を持てないなら、次世代の事業は次世代の社員に決めさせるべきだと考えていました。ただし、何らかの準備を整えなければ次の人に経営トップを引き継げないとも考えていました。

テーマは会社の変革

　ここでのテーマは、5〜10年後に向けた会社の変革です。それには事業の再定義と組織の再構築という課題も含まれます。

　令バイオの変革において、特に重要なポイントは3つでしょう。まずは研究開発領域の拡大です。従来はバイオ技術やゲノム技術を主体として、顧客の研究所が行う研究開発を支援してきました。それが今後は、生命科学の大きな領域に広がっていきます。現時点では、生命科学のどの領域に注力するかは見えていません。それでも、進化し続ける生命科学の分野を追い続けなくてはなりません。

　2つめは、顧客セグメントの変化への対応です。上位の顧客リストが一般の研究所から、先端研究を行っている研究所、病院、製薬会社などへ広がってきました。それは、令バイオの技術力や研究開発力が評価されていることの裏返しでもあります。その期待に応える形での、事業の再定義が必要です。

　3つめは組織の問題です。いまの会社は事業の再定義に耐えられるだけの組織力を持っているでしょうか。事業を大胆に変革しても、それに対応して

組織がしなやかに変われるでしょうか。社員は変革に順応できるでしょうか。

　さらに、令バイオの変革に際しては、次世代の経営トップへのバトンタッチも並行して行うことが必要です。次世代の事業は次世代の経営トップに任せるということです。

令バイオの「新時代の要請」の提案書

「会社は変わるべき時機に来ている」という提案書をどう書くか

　令バイオのように、会社の変革点に直面したとき、どのような提案書を書けばよいのでしょうか。そこでは事業の再定義や組織の再構築も考察する必要があります。

　提案書の流れを簡潔にまとめれば、次のようになります。

　社会の変化に伴って会社は変革に迫られている。

　そこで、次世代の事業モデルはこうしよう。

　しかし、その実現のためには組織の抵抗を乗り越える必要がある。

　それゆえ、永続する企業を構築するために、いまは時計を作るプロセスを踏もう。

「時計を作る」という言葉は、本章の扉に示したジェームズ・C・コリンズとジェリー・I・ポラスの著書から持ってきたものです。時代を超えて繁栄し続ける組織の基盤を整える、といった意味です。

　これを受けると、この提案書のメッセージは「5〜10年後に向けて永続する企業を構築するために、いまは時計を作ることに力を注ぐ必要がある」ということになるでしょう。

基本の3章構成に従い伝えたいことを書き出す

　基本の3章構成に従って、「新時代の要請」パターンの提案書で伝えたいことを書き出します。

　第1章は、会社の変革という大きな経営課題に向き合うことが、いま求められているというメッセージです。事業モデルの変革は経営トップしか宣言できません。ほとんどの従業員は変化を嫌いますから、変革を主導できるの

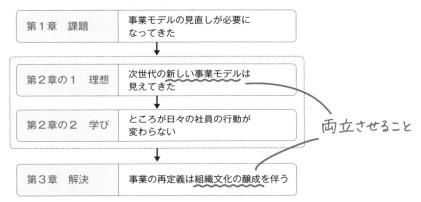

図8-1 パターン⑥「新時代の要請」の提案書

基本の３章構成

第１章　課題	事業モデルの見直しが必要に なってきた
第２章の１　理想	次世代の新しい事業モデルは 見えてきた
第２章の２　学び	ところが日々の社員の行動が 変わらない
第３章　解決	事業の再定義は組織文化の醸成を伴う

両立させること

も経営トップだけです。

　第２章の１では、目指すべき理想的な事業モデルのイメージを示します。そしてその新しい事業モデルを既存のものと比較して見せます。ここでは、バイオ事業支援会社からライフサイエンス・カンパニーへの変革を行うこととしています。

　第２章の２では、理想の実現に向けて越えなくてはならない壁があることを実感します。経営トップが事業の変革を宣言することと、社員がその変革についてこられるかということは別問題です。事業を再定義するためには、どうしても組織文化への目配りが必要になります。

　第３章は、ライフサイエンス・カンパニーへの変革に向けて、成長し続ける企業の基盤を整えるプロセスを示します。言い換えれば、時計を作るプロセスを実践していくことになります。

　会社を変革するという課題は、数十年に一度、登場するようなテーマです。その時点での経営トップが創業者であろうと、あるいはプロ経営者であろうとも、次世代へのバトンタッチが必然になるでしょう。この意味で、時計を作るプロセス、組織文化を整えるプロセスを経て、企業を承継することが大事になってくるのです。それが繁栄し続ける企業の条件です。

令バイオの「新時代の要請」の提案書

第1章（課題）
現在の事業をどう評価するか

　ここでは基本の3章構成に従って、それぞれのセクションでのポイントを考察します。そのうえで、それに対応するキースライドを書いていきます。提案書全体では4つのポイントがありますから、4枚のキースライドになります。

　「新時代の要請」パターンの提案書が扱う課題は、会社の変革という大きなテーマです。これは経営トップのみが定義できる課題であり、その事業観が問われるところです。したがって第1章では、トップの現状認識と5年後、10年後に会社がどうあるべきだと考えているか、その世界観、事業観を提示します。

図8-2	パターン⑥「新時代の要請」第1章のキースライド

経営環境の変化が事業モデルの変革を迫ってきた　　[第1章]

経営トップの気づきと決断から始まる

わが社はこれまで毎年利益を上げているので、一見大丈夫そうだ。
しかし、5年後、10年後もいまのままの事業を続けていてよいのだろうか。

- 世間では人の欲求が変わってきた。単に平均寿命が延びているのではなく、健康のまま長生きするという欲求が高まってきた。
- 生命科学の進歩が著しく、人への応用範囲が広がってきた。一人ひとりにカスタマイズされた医療や、遺伝子検査による健康状態の予測が広まってきた。
- わが社の取引先にも変化が見える。これまでは一般の研究機関が主な顧客だったが、先端技術の研究所や先進医療の病院、製薬会社などが増えてきた。
- わが社が提供する製品やサービスも、ハードウエアよりもソフトウエアとしての側面が強くなってきた。AI（人工知能）の進化の影響である。
- ゲノム事業の領域では、その将来性に着目して、新興企業やIT企業の参入が盛んである。

5年後から10年後を見据えて、事業の姿を変えていく必要がありそうだ。

経営トップの世界観と事業観に依存する

出所：5F分析の枠組みを参考にしてitte作成、itteインタビュー

　令バイオの社長は、どのような社会の変化に気づき、それをどのように認識しているのでしょうか。バイオやゲノムなどの先端の生命科学分野での研究活動に携わってきた会社の経営トップならではと言えるような、ユニークな世界観、事業観があるはずです。

　まず人について。近年、人々の欲求は、病気や怪我をしないことから変わってきました。ただ長生きすればよいのではなく、健康で活動的に長生きしたいという欲求が高まっています。

　生命科学について。このような人々の欲求の変化に応じる形で生命科学が進歩して、その応用範囲を広げてきました。病気や怪我の治療方法が進んで、個々人にテーラーメイドされた治療が可能になってきました。また、遺伝子検査も普及しつつあり、将来の身体の健康状態をある程度予測できるようになってきました。

　産業について。この変化は、令バイオの取引先の拡大にも見て取れます。これまでは一般の研究所や研究機関が主な顧客でしたが、近年は先端技術を扱う研究機関や先進医療の病院、製薬会社などが顧客リストの上位に入っています。研究所より人（患者）に近い病院や製薬会社が、令バイオの研究開発力に着目するようになってきたのです。

　技術について。これまでの解析装置や検査機器は、どちらかというと工業技術の産物でした。しかし、最近はソフトウエアに依存する側面が強くなっています。AI（人工知能）が進歩して、蓄積されたアルゴリズムによる検査や解析が行われるようになってきたからです。機器や装置というハードウエアとAIというソフトウエアが不可分になってきたのです。

　このような点から、令バイオの事業も変化を迫られています。生命科学は応用範囲が広がり、より人に近い所で利用されるようになってきました。取引先は、研究所主体から病院や製薬会社へ広がっています。また、提供する製品やサービスも高度化し、物品販売というより、検査や解析というサービスを売るというほうがふさわしくなっています。

　このような事業観に基づいて、令バイオの社長は事業モデルの変革を決意したのです。

令バイオの「新時代の要請」の提案書

第2章の1（理想）
理想的な事業モデルはどんなものか

第2章の1は考察のセクションですから、これから目指すべき理想的な事業モデルを提示します。

　これまで令バイオは、顧客のバイオ事業を支援する会社でしたが、これからはライフサイエンス・カンパニーを目指します。

　ライフサイエンス・カンパニーになることで、令バイオの事業モデルは、何がどのように変わるのでしょうか。

　まず、BtoB の会社から BtoBtoC の会社に変わります。いままでより、C（人、消費者、患者）に近い存在になるということです。そして C のニー

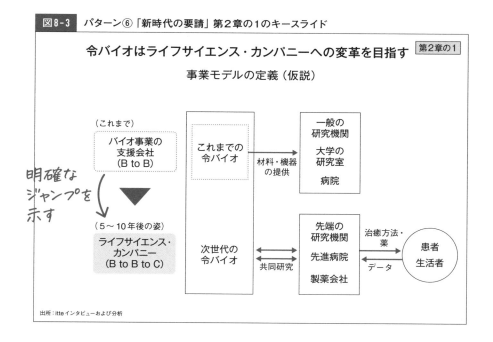

図8-3　パターン⑥「新時代の要請」第2章の1のキースライド

令バイオはライフサイエンス・カンパニーへの変革を目指す　第2章の1

事業モデルの定義（仮説）

（これまで）
バイオ事業の
支援会社
（B to B）

明確な
ジャンプを
示す

（5〜10年後の姿）
ライフサイエンス・
カンパニー
（B to B to C）

これまでの
令バイオ

材料・機器
の提供

一般の
研究機関
大学の
研究室
病院

次世代の
令バイオ

共同研究

先端の
研究機関
先進病院
製薬会社

治癒方法・
薬

データ

患者
生活者

出所：itte インタビューおよび分析

ズを受け止めて、B（研究機関、病院、製薬会社）と共同で事業や研究を行うところまで踏み込みます。

　研究分野が、人にかかわるライフサイエンス全体へ拡大します。バイオやゲノムが中心であることに変わりはありませんが、生命科学を事業へ応用することに貢献していく意志を示しています。

　図はスライドの一例です。このような事業モデルは世の中に多々あるでしょうから、書き方も工夫できます。事業モデルをチャートにして描くことは、ビジネスの世界では一般的になってきました。

令バイオの「新時代の要請」の提案書

第2章の2（学び）
描くことと実践することは違う

第2章の2は学びのセクションであり、理想の事業モデルを実践する際に
立ちはだかる壁の内容を検討します。

　企業の変化への対応力が問われています。抵抗力が強くて変化を拒む企業
もあります。変化対応力が高い企業はまれで、多くの企業は変化への対応で
苦しみます。人は変化を避ける、変化を嫌う生き物ですから。
　事業の再定義という大きな変化に直面したら、自社の組織文化をあらため
て点検してみる必要があります。組織がどの程度のしなやかさを持っている
か、確認するためです。

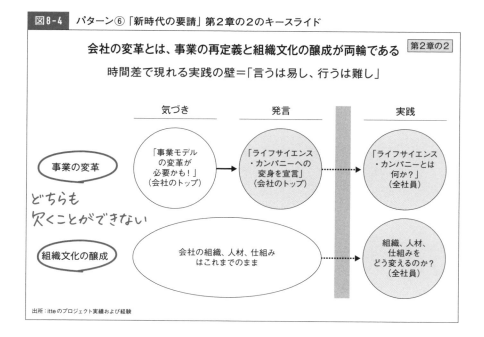

図8-4　パターン⑥「新時代の要請」第2章の2のキースライド

会社の変革とは、事業の再定義と組織文化の醸成が両輪である　第2章の2

時間差で現れる実践の壁＝「言うは易し、行うは難し」

気づき　　　　　　発言　　　　　　　　実践

事業の変革

「事業モデル
の変革が
必要かも！」
（会社のトップ）

「ライフサイエンス
・カンパニーへの
変身を宣言」
（会社のトップ）

「ライフサイエンス
・カンパニーとは
何か？」
（全社員）

どちらも
欠くことができない

組織文化の醸成

会社の組織、人材、仕組み
はこれまでのまま

組織、人材、
仕組みを
どう変えるのか？
（全社員）

出所：itteのプロジェクト実績および経験

　令バイオの社長が事業変革の必要性に気づいたとき、多くの従業員はこれまでどおりの業務を行っていたはずです。組織も人材も、会社の仕組みも従来のままでした。

　社長が事業の変革を宣言し、新しい事業モデルを見せたときも、多くの従業員は他人事として捉えたことでしょう。自分の業務にどう影響するのか、その度合いがわからないからです。

　ですから事業変革の実践に際しては、やろうとしている変革がそれぞれの仕事にどう影響するのかを明らかにする必要があります。従業員の業務はどう変わるのか。業務プロセスが変わり、仕事の仕組みも変更されるでしょう。組織が再編され、人材が異動します。多くの場合、人材の入れ替えも起こってくるでしょう。

　このように第２章の２では、事業モデルの変革によって引き起こされる新たな問題を記述します。

令バイオの「新時代の要請」の提案書
第3章（解決策）
会社の大変革に必要なものを示す

第3章は解決のセクションです。会社の大変革という数十年に一度の取り組みに道筋をつける必要があります。

　繁栄し、成長し続ける企業になるために必要なことは、「時を告げる」という1人の経営者の時代をはるかに超えて、「時計を作る」ことです。
　その1つは、経営トップの座を次代へ渡すことを見据えて、後継者を選別し、育成することです。事業モデルを変えれば、当然のごとく時の刻み方も変わります。新しい事業モデルの下で、新しい時の刻み方ができる経営トップに変わらなくてはなりません。

図8-5　パターン⑥「新時代の要請」第3章のキースライド

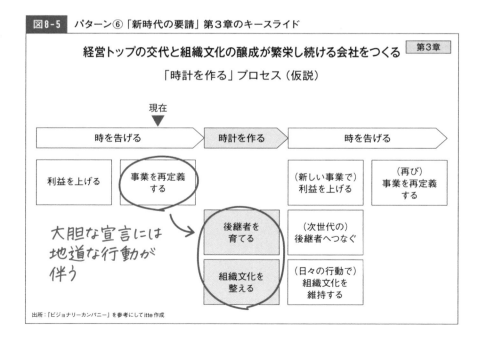

　会社の変革は、５年、10年という年月を経て結果が見えてくるものです。その結果に責任を持てない経営者は、トップの地位に居座ってはなりません。会社の変革は経営者自身の交代を伴うのです。それゆえ変革の決断は、経営者にとってはとても難しいことなのです。

　時計作りのもうひとつは、永続する組織文化を整えることです。組織文化は組織を構成する人の考えや行動の積み重ねで形作られていくものです。ですから組織の上の者、経営トップから考えと行動を変えていく必要があります。日々の考えと行動を変えれば組織文化は変わっていくのです。

　第３章では、経営トップの承継と組織文化の醸成の２点がポイントになります。そのメッセージとともに、時計を作ることの意味を記述します。

「新時代の要請」問題のまとめ

　会社の変革そのものの提案書を書くことは、めったにないことでしょう。通常、成長し続けている会社では、変革が必要になるのは数十年に一度でしょうから。

　しかし、**事業の再定義という少し小さな変革に絞れば、旧来から続いている事業の再定義を行いたい、というケースは多いものです。その場合は、「新時代の要請」パターンの提案書が使えます。**

　ビジネスモデルの構築の仕方や具体例、その図解の仕方などを解説した本は数多くあるので、それらを参考にすれば新しい事業のビジネスモデルを書くことは、さほど難しくないかもしれません。

　しかし、それを実現するうえで問題になるのは、そのビジネスモデルに合った組織文化を醸成することです。会社が成長し、繁栄し続けていくためには組織文化が何より大切で、組織の構成員の日々の行動が大事になってくるのです。

　ですから提案書においても、事業の再定義の裏側に隠れている組織文化の醸成に踏み込む必要があります。それが「新時代の要請」問題に取り組むときのポイントです。

さらに充実した提案書のための章末付録

令バイオの「新時代の要請」の提案書
フルバージョン20枚の万能の筋書きを考える

「新時代の要請」パターンのフルバージョン、20ページの提案書を書いて
みましょう。

　第1章の最初のページでは、事業の再定義が課題であることを述べます
（P. 1）。そして、その課題の背後にある社会の変化や、その変化をどう捉え
ているのかを述べていきます（P.2〜 P.5）。最後のページでは、自社の事業
への影響範囲やその内容をまとめます（P.5）。ここでは経営トップが語るス
タイルで、自らの課題認識を整理するようにまとめるのが望ましいでしょう。

図8-6 ｜ パターン⑥「新時代の要請」の提案書

さらに充実した提案書のための万能の筋書き

万能の筋書き	おおよそのページ数
① 社会の変化を察知した事業の再定義がテーマ	（1）
② 事業に影響を及ぼす社会の変化を分析する	（2〜5）
③ 事業モデルへの影響範囲とその内容をまとめる	（5）
④ 新しい事業モデルの形態をいろいろと探索する	（6〜9）
⑤ 複数の事業モデル候補を比較検討する	（9）
⑥ 目指すべき新しい事業モデルを定義する	（10）
⑦ 社内には事業変革への不安と抵抗がある	（11〜14）
⑧ 組織の至る所で社員の行動変化を促せるか	（14）
⑨ 事業の再定義には組織文化の醸成が必然である	（15）
⑩ 時計を作るアプローチを設計する	（16〜20）
⑪ 社員一人ひとりの考えと行動を変えていく	（16〜19）
⑫ 次世代への承継と組織文化の構築を語る	（20）

第２章の１のポイントは新しい事業モデルを定義することですから、さまざまな事業モデルを探索したうえで検討を重ね（P.6〜P.9）、比較検討した結果を示すことになります（P.9）。そしてこのセクションの最後に、いま考えている新しい事業モデルを見せるようにします（P.10）。

　第２章の２では、事業モデルの変革がいかに困難な課題であるかを述べます。変化を嫌う従業員の抵抗もありますし、既存の組織風土が変革の障害になることもあるでしょう。その現実を示して従業員の日々の行動を変えることの困難さを述べ（P.11〜P.14）、最終的には組織文化の再構築まで踏み込む必要があることを訴えます（P.15）。

　第３章では、大きな変革の実行プロセスを示します。言うまでもなく変革を主導するのは経営トップですから、その取り組みへの覚悟を示したいところです。令バイオの例では、これまでの時を告げるプロセスとこれからの時を告げるプロセスとの間に、時計を作るプロセスを入れました。まずはこのアプローチを見せます（P.16）。次にそのプロセスの内容をできるだけ具体的に記述します（P.17〜P.18）。そして最後に、後継者への承継と組織文化の醸成の大切さを述べて、永続する企業をつくるという目的を語ることになります（P.20）。

　全体の筋書きはこのような内容です。全体を通して、経営トップが課題を定義して、経営トップが率先して行動する、という主旨を貫く必要があります。

PART 9

パターン⑦
「やっかいな問題」提案書の
書き方

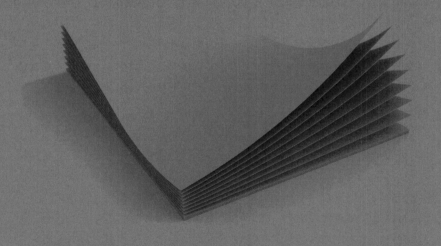

危険が迫った時、背中を向けて逃げ出すようではだめだ。かえって危険が2倍になる。しかし、決然として立ち向かえば、危険は半分に減る。何事に出会っても決して逃げ出すな。決して！

（ウィンストン・チャーチル）

令バイオの「やっかいな問題」の提案書
複雑で難しい問題にどう取り組むか

遺伝子検査の可能性と危険性

1953年にDNA（デオキシリボ核酸。生物の遺伝情報を持つ）の二重らせん構造が提唱されてから、ちょうど50年後の2003年に、ヒトゲノム（ヒトの遺伝情報の全体）が解読されました。

そして遺伝子関連ビジネスが勃興し、遺伝子検査サービス（消費者向け遺伝子検査）もビジネスの1つとして誕生しました。いまでは専門企業だけでなく、IT企業や化粧品会社なども参入しており、日本国内だけでも50〜100のサービス提供会社があると言われています。彼らの狙いは、遺伝子検査そのものより、その検査結果に応じて自社の製品やサービスを販売することです。例えば、肌の性質や健康度に合わせて化粧品を販売するとか、近視傾向を検査してコンタクトレンズの販売につなげるといったビジネスです。

令バイオはゲノム研究を通じて、ゲノム解析の技術を蓄積してきました。その技術力を生かして、いまでは遺伝子検査の支援サービスを提供しています。外部の企業から依頼を受けて、提供された検体の遺伝子情報を分析し、検査結果を報告するビジネスです。検体の個人情報については提供を受けませんので、令バイオにはその検体が誰のものかはわかりません。それでも、何らかの方法でいくつかのデータを紐付けられれば、その検査結果は誰それの遺伝子を調べたものである、ということがわかってしまいます。

人の欲求は限りがないようです。自分の遺伝子を検査して寿命を知ることができる、というのは興味をそそります。将来かかりやすい病気がわかれば、そのための予防や療養をしておくことも可能です。自分だけに合ったテーラーメイド治療を受けるためにも遺伝子情報の検査が必要なのです。

　さらに遺伝子情報に加えて、現在の生活習慣や通院などの情報が組み合わさると、将来の健康状態がかなりの精度で予測できるようになってきました。それだけではありません。買い物情報や行動履歴、声の質や脳波などの情報が加えられると、究極のプロファイリングも可能になるそうです。その人の生活スタイルから、それこそ一生までわかってしまうのです。その点からも、個人の遺伝子情報は究極の個人情報になるのです。

個人情報保護は、典型的にやっかいな問題だ

　2018年5月に、EU（欧州連合）が一般データ保護規制（GDPR）を施行しました。これがモデルとなって、2020年1月には、米国のカリフォルニア州においてカリフォルニア州消費者プライバシー法（CCPA）が施行されました。この流れはどちらも、企業が個人情報を利用することを規制しようとするものです。

　その契機は、GAFA（Google、Apple、Facebook、Amazon の総称）と呼ばれる米国の巨大IT企業が、大量の個人データを握り、それを活用して個人だけでなく、業界全体や国家に対しても影響力を高めてきたことです。ほぼ無償で提供される個人データを、自社の利益につながるビジネスに使っていたのです。これが大きな不平、不満を呼び起こし、GAFA の企業が巨額の制裁金を課されるケースも増えてきました。

　このような社会の動向を踏まえると、令バイオも何らかの対策を考えなくてはいけません。令バイオも究極の個人情報である遺伝子情報を扱う会社です。そのデータの保護、取り扱いについては、細心の注意を払う必要があります。

　これまではほとんど意識されることのなかった企業と個人とのデータのやりとり。そこに個人情報保護という社会の要請が出てきたのです。企業が対応すべき重要な課題の1つであることに異論はないでしょう。

　個人情報保護の問題には、いくつかの難しさがあります。1つは、人の意識や考え方の変化が背景にあることです。これまでは何気なくSNSを使って、それとは知らずに個人情報を提供していました。また、遺伝子検査は面白そうと思って、自分の検体を提供した人もいることでしょう。その検体は

どのように処分されているのでしょうか。あるいは、処分されずに保管されているのでしょうか。遺伝子情報の行方が気になりませんか。このような人の欲求の変化が、個人情報保護の問題の背後にあります。

また、個人のデータとは何を指すのでしょうか。その範囲は必ずしも明確ではありません。クッキー（Cookieと書く。ウェブサイトを訪問したユーザーの情報を保存するウェブブラウザーの仕組み、またはID、パスワード、訪問履歴などの、自動的に保存されたユーザー情報のこと）が保護すべき個人情報として認定されたのは、つい最近のことです。ITの発展が、データとデータ、情報と情報の結び付けを可能にし、個人データの範囲を広げ、その定義を揺るがしているのです。

各国の法規制もさまざまです。EUのGDPRと米国カリフォルニア州のCCPAは大枠は似通っていますが、細かい規定は異なります。また、その運用がどうなるかは今後の適用事例を見ないことにはわかりません。

さらに身近なところでは、遺伝子関連ビジネスに参入している企業の意識の違いがあります。令バイオの取引先にしても、個人情報保護に対する姿勢がそれぞれ違うようです。さて、令バイオはどこに軸足を置いて、個人情報保護に対応すればよいのでしょうか。

このように、**関係者が多岐にわたり、その利害が対立し、解決の落とし所が変化するような課題のことを、経営学の研究では、「やっかいな問題（wicked problem）」と言います。** さて、このような問題の解決に向けて、どのような提案をすればよいのでしょうか。

令バイオの「やっかいな問題」の提案書

論理性だけでは解決できない問題の提案書をどう書くか？

　これまでの６つのパターンで見てきた企業におけるさまざまな問題は、論理的に考えて解決すべき問題でした。数値化できる場合は、定量的に分析して論理的に解決策を導きます。数値化できない場合でも、定性情報を論理的に分析して解決方法を探りました。しかしこの「やっかいな問題」は、解決するために政治的な判断も必要になる問題なのです。

　令バイオにとっては、個人情報を受け取ることの対価として、当人に金銭を提供するといった安易な解決策もありそうです。しかし、その金額をどの程度にすれば妥当なのかは個人によって大きく異なるでしょうし、そもそも個人データを提供したくないという人もいるでしょう。

　金銭で決着をつけるとしても、社会としての基準を決める必要があるのか、個人情報の活用領域、範囲をどう定めるのか、違反した場合の法的措置をどうするかなど、国や地域の特性や民主化の程度によって、さまざまな論点が出てくるものと思われます。

　要するに「やっかいな問題」なのです。安易に解決しようとすると、容易に解決できない問題が、次から次へと現れるような状況になるでしょう。ですから、望ましい提案書は、問題の定義とその解決策、新たな問題の定義とその解決策、……といったアプローチを記述することになります。

　企業としてできることは、最後まで問題の解決に取り組む決意をすること、問題の裾野が広がることを覚悟して、利害関係者を巻き込んでいくことです。当面は解決できない問題だとしても、その解決に取り組む姿勢が大事です。問題の解決から逃避すれば、顧客やその他の利害関係者から非難を浴びることになります。

基本の３章構成に従って伝えたいことを書き出す

　ここまでの基礎情報を受けて、基本の３章構成に従い、提案書で伝えたいことを書き起こしてみましょう。おおよそ次のようなメッセージになります。

　第１章は課題の定義ですが、ここで扱う課題の特徴は、降って湧いたような問題であって、着地点が見えにくいことです。しかも、その解決に対する社会的な要請がだんだんと高まってくるような問題です。論理的に考えるだけでは解決しにくく、政治的な対応が求められそうな、まさにやっかいな問題と言えます。

　第２章の１で示す解決策は、とりあえずの対応と言ったほうがよいでしょう。通常の対処方法に沿って、取り急ぎ社内規定を準備することにします。国内外の先進事例を調べて、最も進んでいる企業の対応から学ぶのです。

　第２章の２では、いま一度じっくりと世の中の動向を見つめ直してみることにします。単に消費者と一企業の間の問題ではなく、その影響は取引先企業や関連企業、さらには社会全体にまで及びます。各国の政府機関も取り組み始めていますが、その考え方や方針は国によって異なっており、問題の根深さを暗示しています。

図9-1　パターン⑦「やっかいな問題」の提案書

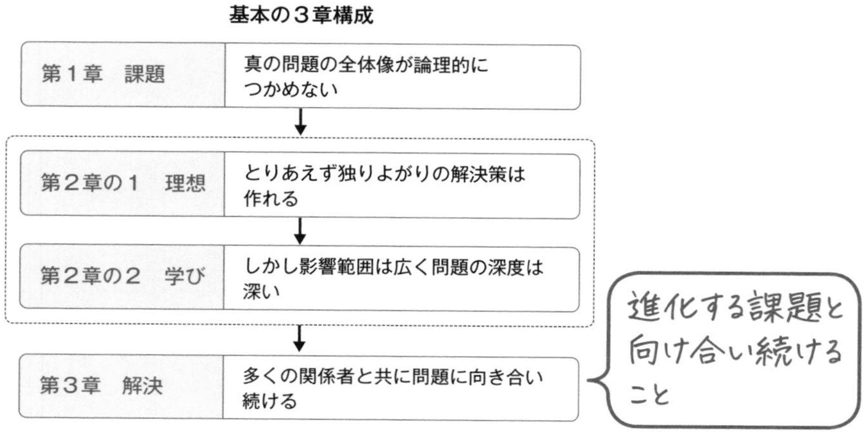

基本の３章構成

第１章　課題	真の問題の全体像が論理的に つかめない
第２章の１　理想	とりあえず独りよがりの解決策は 作れる
第２章の２　学び	しかし影響範囲は広く問題の深度は 深い
第３章　解決	多くの関係者と共に問題に向き合い 続ける

進化する課題と向け合い続けること

　第3章では解決に向けた方針を示します。とりあえず問題を起こさなければよい、という考え方もあります。しかしこの方針では、問題が発覚したときには手遅れになってしまいます。例えば、海外在住の消費者から、海外の法制度にのっとって問題を指摘されるかもしれません。あるいは国内外の取引先が問題を起こし、連鎖的に影響を受けるかもしれません。したがって、覚悟を決めて取り組むしかないのです。

　この提案書の場合、問題の理解と解決策の実施を繰り返し提案することになります。直面する問題を何とか解決したつもりでいたら、社会情勢の変化で問題が大きくなり、新たな解決方法を見つけなければならなくなる、というような循環が起きるのです。問題、解決、問題、解決、問題、解決を繰り返して思考を深め、より良い提案書にしていきます。

SECTION
62

令バイオの「やっかいな問題」の提案書

第1章（課題）　さまざまな論点が存在することを整理する

ここでの問題は、個人情報保護というとてもセンシティブな問題です。消費者と一企業との間で解決すればよいという問題ではなさそうです。

第１章は課題の定義です。

論点は多々ありそうですが、身近なところから１つ１つ取り上げていくのがよいでしょう。まず、自社の事業は個人情報とどう関連するのか、いまは個人情報をどのように取り扱っているのか、といった論点があります。

また、世間では個人情報保護に関してどのようなことが問題になっているのか、当事者である企業はそれにどう対応しているのか、企業の対応方

図9-2　パターン⑦「やっかいな問題」第1章のキースライド

ゲノム支援事業の成長に伴って個人情報保護問題に直面した　第1章

ゲノム支援事業（遺伝子検査の受託、遺伝子治療法や製薬の開発など）が拡大してきた。
その事業では匿名化された個人の遺伝子データを取り扱う。
その結果、個人情報保護の問題と向き合う必然性が生まれてきた。

自らの問題として認識することから始まる

新興企業やIT関連企業が遺伝子検査サービスに参入してきた。彼らの狙いは、個人の遺伝子情報を集めることにある。それをその他の個人データと紐付けることによって、ネット販売や広告など本業からの収益を高めようとしている。

事実、遺伝子データと位置情報、決済情報、購入履歴、ウェブサイトの閲覧履歴などを合わせると、その個人の将来の行動が手に取るようにわかってくる。
また、遺伝子データと生活習慣の情報、診療実績を組み合わせると、個人の寿命を推定したり、将来かかる病気を予測したりできるようになる。

言うまでもなく、遺伝子情報の厳密な管理が求められる。

出所：itteインタビュー

針に違いがあるのかないのか、という点も重要です。

　消費者と企業のほかに、どのような関係者がいるのか。これまではそれほど大きな問題として認識されていなかったのに、なぜクローズアップされるようになってきたのか。

　図のスライド例では、複数の論点について、内容を整理しながら記述しています。

令バイオの「やっかいな問題」の提案書
第2章の1（理想）
明快な方針に従って対応する例もある

第2章では仮の解決策を示します。個人情報保護のような複雑な問題に対しては、明快な大方針を掲げて確実に対応していくことが理想であるということを示します。

　図9-3のスライド例では、米アップルの先進的な取り組みを記述しています。最低限、ここまで踏み込んだ社内規定を準備する必要があるだろうと考えているからです。

　米アップルでは、理念としてプライバシーを掲げています。そしてその下に、プライバシー機能、プライバシーコントロール、透明性に関するレ

図9-3　パターン⑦「やっかいな問題」第2章の1のキースライド

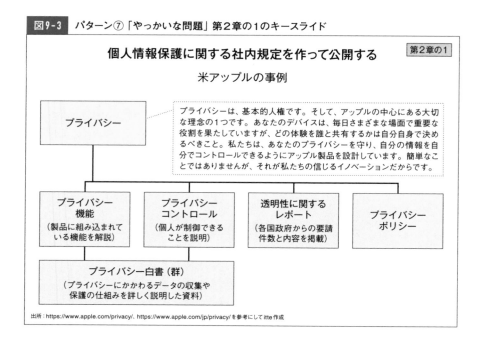

ポート、プライバシーポリシーを整備し、プライバシー白書群も公開しています。とても重層的な社内規定で、プライバシーへの取り組みの本気度が伝わってきます。

　プライバシーは基本的人権であると宣言しているところが最大のポイントです。個人は自分のプライバシーを守る責任があり、個人の情報は自らコントロールすべきである、という思想です。この考えに従って、アップルは製品やサービスを提供すると確約しているのです。

　米国の IT 業界では、個人情報保護の問題を起こしている企業が多くあります。アップルは、そのような企業とは一線を画すという強烈なメッセージを伝えているのです。日本企業にとっても参考になる事例でしょう。

令バイオの「やっかいな問題」の提案書

第2章の2（学び）
そこまで事態は単純ではない？

　第2章の2では、一企業が社内規定を遵守すれば個人情報保護の問題は解決する、というわけではない、そこまで事態は単純ではない、という学びを示します。キースライドの一例は、図9-4のようになります。

　個人情報保護への関心が世界的に高まっています。これまで個人情報を容易に入手し、それを利得のために利用してきた企業への批判も高まっています。この問題に対して、海外での動きは素早かったのです。

図9-4　パターン⑦「やっかいな問題」第2章の2のキースライド

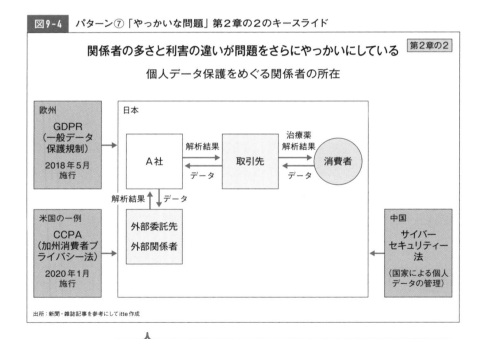

出所：新聞・雑誌記事を参考にしてitte作成

広い視野を持って感度を高くして情報を整理する

　EUでは2018年5月にGDPR（一般データ保護規制）が施行されました。米国でもカリフォルニア州が先陣を切り、2020年1月にCCPA（カリフォルニア州消費者プライバシー法）を施行しました。欧州での規制が規範となって、米国でも規制が強化されたのです。遅かれ早かれ、CCPAが米国全体での標準になることでしょう。

　一方で、独裁的な国家での取り組みは異なっています。例えば、中国はサイバーセキュリティ法を施行しました。表面的には欧米の法整備と違わないようですが、実態はまったくの別物です。国家による個人情報の管理が正当化されているからです。

　では、令バイオの現状はどうでしょうか。手続き上では、個人情報に紐づかない形で個人の遺伝子情報の解析を行っています。したがって、一見すると個人情報保護問題は絡まないようです。しかし、ゲノム解析サービスを個人に提供している取引先は、個人情報とゲノム解析の試料とゲノム解析結果とを紐づけています。ですから、万が一とはいえ、個人にかかわる情報が外部に漏洩する可能性を否定できないのです。

　このような全体像を眺めてみると、関係者が多岐にわたること、問題の発生場所が多様であること、問題が発生したときの真相の究明が難しそうであること、などが容易に想像できます。

令バイオの「やっかいな問題」の提案書

第3章（解決策）　すっきりハッキリ しないことが解決策となる

　第1章、第2章を通して、個人情報保護問題の根深さ、企業としての対応の難しさが浮き彫りになってきました。**第3章では解決策を示すわけですが、この問題に限っては、ハッキリした解決策はないという現実を示すことになります。**

　下図はキースライドの例です。ここでは取り組みの深さと広さに違いがある、4つの実行プランを示しています。

　プランAは、自社のみで対応するケースです。消費者から要請があっ

図9-5　パターン⑦「やっかいな問題」第3章のキースライド

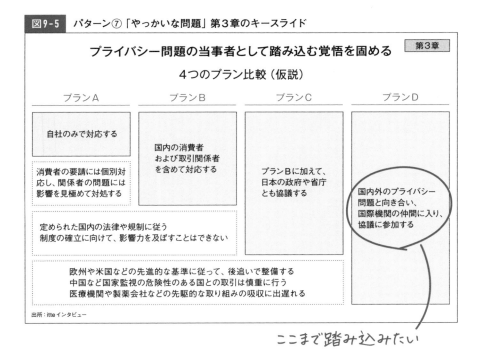

ここまで踏み込みたい

たときに、一企業として対応するというものです。この場合には、社内規定の整備が役立ちそうです。

　プランBは、国内での消費者と業界内での対応に重きを置いています。業界内の取引関係にある企業と共通ルールを作ることになります。それを標準ルールとして、業界全体へ普及させていきます。

　プランCは、政府や関係団体とも協議し、国内でのルール整備に向けて活動するというプランです。国内での対応策としてはこれで十分かもしれませんが、海外との取引に際してはそのつど、個別に対応する必要が出てきます。

　プランDは、世界標準の取り組みにかかわっていこうというものです。国内の法制度と海外の規制との差異を理解したうえで事業を運営できるようになります。理想的にはここまで対処したいところです。

　いずれの対応策をとるかは判断に迷うところです。個人情報保護に限らず、この手の問題は今後も起こりえます。今回、指針作りに踏み出せたことで、1歩も2歩も前進したことになります。

「やっかいな問題」のまとめ

　ここで取り上げた個人情報保護の問題だけでなく、ESG（環境・社会・ガバナンス）にかかわる問題、経済的格差にかかわる問題など、対応を誤ると企業経営を揺るがしかねないような問題が、近年になって登場してきました。これまでの経営環境下では問題にならなかったことが、人々の価値観の変化や社会の変化とともに、企業が対処すべき問題として浮上してきたのです。こうした「やっかいな問題」に対処する際のポイントは3つあります。

　1つには、やっかいな問題が自社にふりかかってきても、けっしてあわてないことです。業種・業態にかかわりなく、この手の問題が生じる可能性は大いにあります。しかも、**どのような問題が新たに起こるのか、予測することはかなり困難です。したがって、どのような問題が起ころうとも逃げずに取り組むという覚悟を固め、すぐに対応できるように初動態勢を準備しておく**ことが大切です。

　2つめのポイントは、問題が起こったときは、「これは**やっかいな問題である」とはっきり認識することです。問題を軽視してはなりません。**初期対応を間違えて、謝罪会見に追い込まれる企業の姿をよく見ますが、これは避けたいものです。

　3つめのポイントは、**論理的に解決しようとはしないことです。**やっかいな問題は理屈では解決できません。政治的な側面の大きい問題なのです。ですから、通常の経営問題とは異なり、論理だけでは正解は出ないと、しっかり認識しておくべきです。

さらに充実した提案書のための章末付録

令バイオの「やっかいな問題」の提案書
フルバージョン20枚の万能の筋書きを考える

「やっかいな問題」に対処するためのフルバージョンの提案書は、次のような流れで作ります。

　個人情報保護は、**これまで対処したことのない新しい問題であり、利害関係者が多く、しかもその利害が対立しています**。そこで最初に、いま直面している困難な問題が個人情報保護の問題であることを宣言します（P.1）。次に、その問題の側面をいくつかの論点に従って記述していきます（P.2〜P.4）。そして最後に、自社の事業への影響を具体的に整理します（P.5）。

図9-6 パターン⑦「やっかいな問題」の提案書

さらに充実した提案書のための万能の筋書き

万能の筋書き	おおよそのページ数
① 多くの関係者の利害が対立する問題がテーマ	（1）
② 利害が対立する問題をつぶさに述べる	（2〜5）
③ 現状でやっかいな問題をできるだけ整理する	（5）
④ 世の中の動きや他社の取り組みを調べてみる	（6〜9）
⑤ 自ら取り組むべきことを検討する	（6〜9）
⑥ 自社としての問題解決策を作り上げる	（10）
⑦ 解決しても、次から次へと問題は途切れない	（11〜14）
⑧ 自社の解決策は一時しのぎにすぎなかった	（14）
⑨ あらゆる利害関係者の巻き込みが欠けていた	（15）
⑩ すべての関係者を巻き込んだアプローチをとる	（16）
⑪ 問題から生まれる次の問題に取り組み続ける	（16〜19）
⑫ 理想像は描けないが、解決策に1歩1歩近づける	（20）

第２章の１では、米国での先進企業事例を研究して（P.6〜P.9）、自社への応用を検討します（P.9）。そしてとりあえずの解決策を示します（P.10）。

　第２章の２では、さらなる問題の複雑さを述べます。まず、どのような新たな問題がありそうかを記述します（P.11〜P.13）。そして、当面の解決案は一時しのぎにしかならないことを学びます（P.14）。関係者の多さや利害の対立などを挙げて、解決の困難さを示すのです（P.15）。

　第３章では、さらに進化した解決のアプローチを示します。多くの利害関係社と向き合った場合、どのような解決オプションがありうるかを述べ（P.16）、その内容を詳述します（P.16〜P.19）。最後に、問題の解決に向けて１歩を踏み出せることを見せます（P.20）。

　このように、問題、仮の解決、新たな問題、仮の解決、さらに新たな問題、仮の解決といった順番で、筋書きを作ることになります。この筋書きを追う中で問題への理解が深まり、解決へ向けた道筋が見えてくると、望ましい提案書ができあがります。

優れた提案書が持つ、大胆さと細心の二面性

優れた提案書には両面性があることに気づきました。両面性とは、新鮮でユニークで大胆な側面と、細心で着実で現場感のある側面のことです。すぐれた提案書はこの両面性を持っていて、"二重人格"なのです。

このことを少し説明してみます。筆者が外資系のコンサルティング会社にいたときは、外部の第三者という立場から、クライアントの課題解決を支援していました。課題をかかえているクライアントの外側にいますから、クライアントの内部事情にとらわれることなくゼロベースで考えて大胆な提案を行ってきたつもりです。もちろん、クライアントもそのような活動を期待していました。

一方で、経営トップや経営幹部の支援活動を行うようになると、クライアントの組織内部に入り込み、彼らの意向をくみとって課題解決に取り組むことになります。この場合、クライアントの内部にいますから、彼らの社内事情に精通し、彼らの悩みの核心にも触れることができます。そうすると、クライアントの組織を動かすために現実的で細心な提案をも考えることになります。

経営トップや経営幹部への助言役として、コンサルティング会社などの外部専門家の提案を受けてみると、いろいろな気づきがありました。思いの外、提案がつまらないのです。新鮮でユニークで大胆な側面を期待するのですが、そうでもなくありきたりの提案が多いのです。またクライアント社内の実情を踏まえて提案内容の修正を依頼しても、なかなか期待したような提案がでてこないのです。細心で着実で現場感のある側面がみえてこないのです。

一方で、クライアント社内の人材からの提案を受けることもあります。こちらも思いの外、提案がつまらないのです。はじめから落としどころが決まっているような提案が多いです。少ない努力で実行は可能そうですが、それを実行したところで組織の変化や会社の成長に貢献できるのか、疑問に感じることが少なくありません。

このような経験からあるときふっと気づいたことは、経営トップが期待する提案には両面性があるということです。外部専門家がもっているような新鮮でユニークで大胆な視点。社内の実務家がもっているような細心で着実で現場感のある視点。すぐれた提案書はこのような両面性をもった"二重人格"なのです。

おわりに　提案書を書くプロに必要な３つの能力

　経営コンサルタントは提案書を書くプロです。というのも、提案書を書く機会の数が尋常ではないからです。

　提案書を書くプロに必要なこととして、①推論力、②勇気、③しなやかさ、の３つを身につけることをお勧めします。なにしろ、相手は手ごわいエグゼクティブで、能力の高い彼らはいずれも、この３つの能力に秀でているからです。

①推論力

　優れたエグゼクティブは、未来を推論する能力が高いです。だから、将来どうなるかということが見通せるのです。それゆえ確度の高い仮説を立てることができますし、その仮説に従えば意思決定を間違えることもかなり少なくなります。

　推論力が高いとは、具体的にはどういうことでしょうか。優れたエグゼクティブは、現時点で手にしている限られた情報をもとに、正しく判断し、適切な意思決定を行えます。すでに起きた未来に対する情報感度が高いのです。それが、実際には見えない未来を見る力があるということです。

　ある意思決定を下したとき、その決定が会社をどのように動かすことになるのかが、手に取るようにわかるのです。組織の各部門がどのように業務を行うようになるのか、個々の従業員がどんな振る舞いをするようになるのかが見えているのです。誰それは今回の意思決定に不満がありそうだから、こんな行動をとりそうだなと想像できるのです。

　優れたエグゼクティブに意思決定の失敗が少なく、正しい意思決定を行う確率が高いのは、未来を推論する能力が備わっているからなのです。

②勇気

　２つめの能力は、自信に裏打ちされた勇気です。人は誰でも失敗を恐れます。だから判断すること、決めることを避けたがります。時として、何も行

わない（不作為）という「間違った」意思決定をしてしまうのです。しかし、優れたエグゼクティブには、大胆な意思決定を行う勇気が備わっています。

③しなやかさ

　優れたエグゼクティブが持つ３つめの能力は、しなやかさです。固執しない力、柔軟性と言い換えてもよいでしょう。その時々の経営環境の変化に適応して、柔軟に対処していく能力です。この能力は自信に裏打ちされた勇気とも関連しています。

　勇気を持って下した意思決定が誤っていたと気づくこともあるでしょう。そのとき、間違った決定に固執することは、百害あって一利なしです。そうです、素直に間違いを認めて軌道修正する力がいるのです。

　優れたエグゼクティブに提案するチャンスは、なかなか得難いものです。そのチャンスを生かすためにも、相手のことをよく知ることが大事です。未来を推論する力、自信に裏付けられた勇気、そして素直な態度のしなやかさ。この３つが優れたエグゼクティブに特徴的な能力であることを知り、それを踏まえた提案書を書くようにしなくてはなりません。

将来を見通す推論力、自信に裏付けられた勇気、しなやかさを持つ

　提案書の基本の３章構成のうち、第２章の２の学びや悟りは、仮説的な説明になることが多くなります。第２章の１で提示した理想的な解決策を実行に移せない場合には、これまでの経験や他社の事例を参考にして、推論していく必要があります。課題解決に取り組んでいる企業では、どんな点が障害になっているのだろうか、どのような抵抗があるのだろうかと思考をめぐらす必要があるのです。これがまさしく推論力、将来を見通す力です。

　提案書を書き始める時点で提案書全体のメッセージを書き留めることの重要性を述べました。そのメッセージを書くためには勇気がいることも述べました。間違えることを恐れずに、そして間違えたら訂正することを厭わずに、勇気を持ってメッセージを書いてください。

　提案書を書き進めていくと、途中で、当初のメッセージが正しくなかった

ことに気づきます。そのときは喜んでメッセージを修正してください。躊躇せずに、柔軟な態度でメッセージを練り直すのです。また、提案書を説明した後で、相手から内容の修正を求められることもよくあります。このときもまた、喜んで修正に応じてください。これらは提案書がより良いものになるチャンスなのです。

　いちばん良くない対応は、自分の提案書に固執することです。時間をかけて作った資料ですから、修正したくない気持ちがあるのでしょう。しかし、自分の提案に固執しても、何もいいことはありません。相手を説得できなければ、何一つ実行されないのですから。

　提案書を書くプロは、当初の提案内容にいつまでも執着しません、相手に受け入れられなければ、すべてが時間の無駄になるからです。しなやかな対応こそが、提案書を書くプロに必須の技なのです。

　提案書を書くためにも、３つのスキルが大事です。確実にはわかっていないことを見通す推論力。仮説を修正し、メッセージを進化させる勇気。そして自分の提案書を自在に書き換えるしなやかな態度。優れた経営トップと同じように、提案書を書くプロにもこの３つの能力が欠かせないのです。

　そしてあなたにとって、これから大事なことは実践です。実際に提案書を書くことです。新しいテーマの提案書に取り組んでください。あるいはこれまでにあなたが作成した提案書を、もう一度組み立て直してみてください。

あなたへのお願い

　ここまであなたは、相手の心に響く提案書を書く技術を学んできました。もしかするとこれから、会社の幹部や、クライアントの経営トップやエグゼクティブに提案書を書き、説明する機会に恵まれるかもしれません。そのときには本書で学んだことを役立ててください。

　そしてぜひ、実践を大事にしてください。提案書を書くという実践をこれからも続けてください。

　最後に、そんなあなたに１つの質問があります。この本では、提案書のテーマごとに７つのパターンを解説しました。ところで、８つめのパターン

はありえるのでしょうか、あるとすれば、それはどんな問題でしょうか。

　パターン①「数字で問題解決」

　パターン②「他社マネの限界」

　パターン③「予期せぬ出来事」

　パターン④「上辺だけの合意」

　パターン⑤「新しい組み合わせ」

　パターン⑥「新時代の要請」

　パターン⑦「やっかいな問題」

　パターン⑧「？」

　パターン⑨「？」

　パターン⑩「？」

　・・・

　提案書のパターンが７つであると私が主張した根拠は、自らの経験と、事例研究、経営学諸説の分析にあります。

　これまで20年以上経営コンサルティング活動を行い、経営トップや経営幹部の方々が抱える課題と向き合ってきました。すべて個別の課題ですが、いくつかに類型化することができました。また、世の中で起きている現実の経営問題を、新聞や雑誌などを通して事例研究してきました。同じく、いくつかの類型が見られました。さらに、経営学の歴史を振り返り、その諸説が扱う経営課題を分析しました。ここでも経営課題に類型があることがわかりました。

　ですから、経営課題を解決に導くための提案書のパターンは７つであると述べたのです。素直な心で、勇気を出してメッセージを書きました。

　読者のあなたには、これ以外にもあるであろう、８つめ、９つめ10、11……のパターンを見つけて、教えていただきたいのです。弊社のウェブサイト（www.itte.co.jp）からお問い合わせいただくか、メール（info@itte.co.jp）をいただくか、Twitter（@MoriShumei）を通じて、のいずれの方法でもかまいませんので、ぜひ教えてください。お待ちしています。

森　秀明

[著者]

森 秀明（もり・しゅうめい）

itte design group Inc. 社長兼CEO。経営コンサルタント。
一橋大学経済学部卒、慶應義塾大学大学院修了。ボストン コンサルティング グループ、ブーズ・
アレン・ハミルトンなどの外資系コンサルティング会社を経て現職。企業や組織への経営コン
サルティング活動とともに、経営者へのアドバイザリー業務を行っている。WE HELP
COMPANIES CREATE THEIR FUTURE STORIES. がミッション。著書に『外資系コンサ
ルの資料作成術』『外資系コンサルの３STEP思考術』（ともにダイヤモンド社）がある。

外資系コンサルの30分で提案書を書く技術
──スルーされない資料がサクッとまとまる

2020年 7 月29日　第 1 刷発行

著　者──森 秀明
発行所──ダイヤモンド社
　　　　　〒150-8409　東京都渋谷区神宮前 6-12-17
　　　　　https://www.diamond.co.jp/
　　　　　電話／03・5778・7233（編集）　03・5778・7240（販売）
装丁────デザインワークショップジン
本文デザイン─岸和泉
本文DTP ──中西成嘉
製作進行──ダイヤモンド・グラフィック社
印刷────堀内印刷所（本文）・新藤慶昌堂（カバー）
製本────川島製本所
編集担当──木山政行